**Die DRG-Systematik in der
deutschen Krankenhausfinanzierung**

Europäische Hochschulschriften
Publications Universitaires Européennes
European University Studies

Reihe V
Volks- und Betriebswirtschaft

Série V Series V
Sciences économiques, gestion d'entreprise
Economics and Management

Bd./Vol.3233

PETER LANG
Frankfurt am Main · Berlin · Bern · Bruxelles · New York · Oxford · Wien

Sebastian Lang

Die DRG-Systematik in der deutschen Krankenhausfinanzierung

Risiken und Nebenwirkungen

PETER LANG
Europäischer Verlag der Wissenschaften

Bibliografische Information der Deutschen Nationalbibliothek
Die Deutsche Nationalbibliothek verzeichnet diese Publikation in
der Deutschen Nationalbibliografie; detaillierte bibliografische
Daten sind im Internet über <http://www.d-nb.de> abrufbar.

ISSN 0531-7339
ISBN 3-631-54956-3

© Peter Lang GmbH
Europäischer Verlag der Wissenschaften
Frankfurt am Main 2006
Alle Rechte vorbehalten.

Das Werk einschließlich aller seiner Teile ist urheberrechtlich
geschützt. Jede Verwertung außerhalb der engen Grenzen des
Urheberrechtsgesetzes ist ohne Zustimmung des Verlages
unzulässig und strafbar. Das gilt insbesondere für
Vervielfältigungen, Übersetzungen, Mikroverfilmungen und die
Einspeicherung und Verarbeitung in elektronischen Systemen.

www.peterlang.de

Meinen Eltern, Hermann und Gertrud Lang, widme ich dieses Buch als Dank für die langjährige Unterstützung und Ermöglichung des Studiums.

Meiner Freundin, Dr. Nina Lettner, danke ich für eine wunderschöne Studienzeit und die aufbauenden Worte während der Erstellung der Arbeit.

Herrn Prof. Dr. Engelbert Theurl danke ich für die wertvolle fachliche Diskussion und die in die vorliegende Arbeit eingeflossenen, detaillierten Anmerkungen.

St.Gallen, im Juli 2006   Sebastian Lang

Vorwort

Der Trend zur Implementierung fallpauschalenbasierter Vergütungssysteme in der Krankenhausfinanzierung ist international ungebrochen. Als einer der letzten grossen europäischen Staaten hat sich die Bundesrepublik Deutschland 2000 zu diesem Schritt entschlossen und wird die Umstellungsphase auf eine Diagnosis Related Group-Vergütung im Jahr 2007 abschliessen. Im vorliegenden, als Diplomarbeit am Institut für Finanzwissenschaft der Leopold-Franzens-Universität Innsbruck verfassten Buch, wird diese Umstellung näher beleuchtet und sukzessive in ökonomische Überlegungen eingeführt, die einem fallpauschalenorientierten Vergütungssystem zu Grunde liegen. Die Analyse geht von den Erfahrungen in den U.S.A. aus und diskutiert bzw. erweitert ein aus der amerikanischen Literatur bekanntes ökonomisches Modell (Hodgkin-McGuire-Modell) um den wichtigen Aspekt der Unsicherheit. Der Autor zeigt im Rahmen einer Simulationsstudie die ökonomischen Wirkungen, die aufgrund der unterschiedlichen Anreize im Finanzierungssystem bestehen und die Versorgungsqualität der Patienten beeinflussen.

Mit der Verpflichtung der deutschen öffentlich-rechtlichen Krankenhäuser zur DRG-basierten Abrechnung, wird das Leistungsgeschehen in bisher nicht gekanntem Ausmass transparent. Eine grosse Menge detaillierter Daten steht nunmehr zur Verfügung, die die Anwendung finanzwirtschaftlicher Modelle ermöglicht. Abschliessend wird deshalb in der Arbeit ein Ausblick gegeben, welche Konzepte aus der betrieblichen Finanzwirtschaft auch zur Steuerung von Krankenhäusern geeignet erscheinen.

Innsbruck, im Juli 2006   Univ.-Prof. Dr. Engelbert Theurl

Inhaltsverzeichnis

1 Überblick 13

2 Systematisierung der Krankenhaus-finanzierung 25

2.1 Akteure in der Krankenhausfinanzierung 25

2.2 Instrumente in der Krankenhausfinanzierung 27

    2.2.1 Koordinations- und Preissysteme 27

    2.2.2 Finanzierungsstruktur 29

    2.2.3 Vergütungssystematik 31

3 Diagnosis Related Groups 37

3.1 Grundlagen des deutschen DRG-Systems 38

3.2 Vergütung mit DRGs 42

    3.2.1 Kalkulation der Kostengewichte 42

    3.2.2 Case Mix und Case Mix-Index 44

    3.2.3 DRG-Preissystematik 44

    3.2.4 Rechnungsbeispiele 45

4 Risikodimensionen in der Krankenhaus-finanzierung .. 51

4.1 Risiko in der Financier-Konsumenten Beziehung 52

4.2 Moral Hazard und Risikoselektion 53

4.3 Risk Shifting 56

5 Das Hodgkin-McGuire Modell 59

5.1 Modellannahmen 59

5.2 Gewinn- und Kostenkalkül des Krankenhauses 64

5.3 Nutzenmaximierung unter der Gewinnbedingung 67

5.3.1	Volumen Effekt	68
5.3.2	Moral Hazard Effekt	70
5.3.3	Nutzeneffekt	71
5.3.4	Zusammenfassung der Ergebnisse	72

6 Krankenhausverhalten bei Unsicherheit 75

6.1 Die neue Erwartungsgewinnbedingung 75

6.2 Das Gewinn-/Verlustkalkül bei Unsicherheit 79

6.3 Nutzenmaximierung der Erwartungsgewinnbedingung 81

6.4 Abweichungen von der Optimalitätsbedingung 83

    6.4.1 Variation der Gewinnwahrscheinlichkeit 84

        6.4.1.1 Moral Hazard Effekt 86

        6.4.1.2 Risikoselektion bei Patienten 90

        6.4.1.3 Volumen Effekt 93

    6.4.2 Variation der retrospektiven Kostenerstattung 96

        6.4.2.1 Moral Hazard Effekt 97

        6.4.2.2 Risikoselektion bei Patienten 98

        6.4.2.3 Volumen Effekt 99

6.5 Zusammenfassung der Ergebnisse 102

    6.5.1 Ergebnisse des Modells 102

    6.5.2 Mögliche Kritikpunkte des Modells 104

        6.5.2.1 Symmetrische Verteilung der Gewinne und Verluste 104

        6.5.2.2 Erwartungswert des Gewinngleichungsansatzes 106

        6.5.2.3 Möglichkeiten der Modellerweiterung 108

7 Finance Konzepte in der Gesundheitsökonomik 109

7.1 Grundzüge der Portfolio-Theorie 109

7.2 Die Portfolio-Theorie in der Gesundheitsökonomik 118

7.2.1 Das grundlegende Entscheidungsproblem 118
7.2.2 Diskussion der Literatur 119

7.3 Controlling und Risikomanagement in Krankenhäusern 128

7.4 Möglichkeiten eines DRG-basierten Risikomanagements 130

7.4.1 Ökonomische Homogenität der Fallgruppen 135
7.4.2 Risikovorsorge auf Basis des Value-at-Risk Ansatzes 137

8 Fazit 139

9 Mathematischer Anhang 143

9.1 Hogkin-McGuire Modell 143
9.2 Modell zum Krankenhausverhalten bei Unsicherheit 144
9.3 Modell zum Krankenhausverhalten bei Unsicherheit 145

9.3.1 Moral Hazard Effekt 146
9.3.2 Volumen Effekt 148
9.3.3 Lösung der Optimalitätsbedingung 150

10 Tabellenanhang 153

10.1 Numerische Lösung der FOC 153

11 Verzeichnisanhang 161

11.1 Tabellenverzeichnis 161
11.2 Abbildungsverzeichnis 162
11.2 Abbildungsverzeichnis 162

12 Literatur 163

1 Überblick

Die Bundesrepublik Deutschland gab im Jahr 2003 mehr als 239 Milliarden Euro im Gesundheitswesen aus, wovon 27 Prozent (65 Milliarden Euro) in die stationäre Versorgung flossen[1]. Ein Kernstück des am 1. Januar 2000 in Kraft getretenen Gesundheitsreformgesetzes (GKV 2000) fokussiert diesen Ausgabenblock, dessen Umstrukturierung mittels eines neuen Konzepts zur Finanzierung von Krankenhäusern eingeleitet wurde. Das Schlüsselinstrument zur Verbesserung der Wirtschaftlichkeit ist die Einführung eines neuen Preis- und Vergütungssystems im stationären Sektor. Dies soll laut gesetzlicher Vorgabe auf Basis der Diagnosis Related Group-Systematik (DRG) geschehen, die international seit den 70er Jahren als Systemlösung zur Klassifikation und Vergütung medizinischer Leistungen eingesetzt wird. Durch die stärkere Leistungsorientierung der Vergütung verspricht man sich die Herbeiführung eines Strukturwandels in der deutschen Krankenhauslandschaft, hin zu einer mehr wettbewerblich ausgerichteten stationären Versorgung. Insbesondere soll die Möglichkeit geschaffen werden, Wirtschaftlichkeitsreserven in den Krankenhäusern durch die Optimierung der Ablauf- und Aufbauorganisation sowie durch die Reduktion der Verweildauer zu mobilisieren. Weitere erwünschte Folgen der Reform umfassen eine verbesserte Transparenz der erbrachten medinzinischen Leistungen sowie die Verbesserung der internen und externen Vergleichbarkeit klinischer Organisationseinheiten und Krankenhäuser.

Die *historische Entwicklung* des deutschen Krankenhausfinanzierungssystems zeigt, dass die Krankenhaus-Vergütungssystematik von wichtiger Bedeutung für die gesamte finanzielle Situation im Gesundheitswesen ist. Im historischen Überblick wird allein schon an der Frequenz der Gesetzesänderungen auf Bundesebene deutlich, wie

---

[1] Statistisches Bundesamt: Gesundheitsausgaben nach Einrichtungen. 2005. http://www.destatis.de/basis/d/gesu/gesutab6.php. Stand: 11.6.2006

schwierig es offenbar ist, das Krankenhauswesen auf eine finanziell gesunde Basis zu stellen. In den 70er und 80er Jahren wurde ca. alle vier bis fünf Jahre ein neues Gesetz zur Krankenhausfinanzierung verabschiedet. Ab Mitte der 90er Jahre hat sich die finanzielle Schieflage des Systems dramatisch verschlechtert, so dass neue Gesetze im Jahresrhythmus (!) verabschiedet wurden.

Die Frequenz der Gesetzesänderungen verdeutlicht, dass der Gesetzgeber den realen Entwicklungen im Krankenhauswesen vor allem ab Mitte der 90er Jahre hinterherhinkte. Eine Detailanalyse der Gesetzesänderungen würde den Rahmen der Arbeit sprengen, daher wird im Folgenden nur ein Grobüberblick gegeben[2].

Krankenhausfinanzierungsgesetz (KHG) 1972

Ziel:

- Von der monistischen zur dualen Krankenhausfinanzierung
- Beseitigung von Versorgungsengpässen

Überblick:

Die Verantwortung über die Finanzierung der Krankenhausinvestitionen wurde von den Krankenkassen auf Bund und Länder übertragen. Die Deckung der laufenden Kosten wurde durch pauschalierte Pflegesätze vorgesehen, die kostendeckend sein sollten und von den Krankenkassen zu bezahlen waren. Die Krankenhausplanungshoheit blieb weiterhin bei den Bundesländern.

Bundespflegesatzverordnung (BPflV) 1973

Ziel:

- Einführung des Selbstkostendeckungsprinzips
- Voll retrospektive Vergütungssystematik

---

[2] Bauer, M., Bach A.,: Gesetzliche Regelungen zur Krankenhausfinanzierung: Entwicklung und Auswirkungen. In: Anaesthesist, Springer Verlag 1999, Nr. 48, S. 417-427.

Überblick:

Durch die Verordnung wurden voll kostendeckende Pflegesätze vorgeschrieben, die die Krankenkassen zu bezahlen hatten. Es handelte sich also um die Implementierung eines rein retrospektiven Vergütungssystems. Der Anreiz zum kostensparenden Wirtschaften auf der Krankenhausebene ging verloren, da die Financiers (Krankenkassen) am Ende der Berichtsperiode zum Ausgleich der in den Krankenhäusern entstandenen Kontosalden gesetzlich verpflichtet wurden.

Krankenversicherungs-Kostendämpfungsgesetz 1977

Ziel:
- „Ausgabendämpfung" in der GKV
- Sicherung der Beitragsstabilität

Überblick:

Die beitragsfreie Mitversicherung von Familienangehörigen mit eigenen Einnahmen wurde abgeschafft, um die Einnahmen der GKV zu steigern. Die Einnahmen der GKV reichten seit dem Gesetz von 1973 u.a. deshalb nicht mehr aus, weil der Gesetzgeber durch ein rein retrospektives Vergütungssystem den Anreiz zur Kostenexpansion auf der Krankenhausebene gesetzt hat.

Krankenhauskostendämpfungsgesetz 1981

Ziel:
- Stärkung der Position der Krankenkassen

Überblick:

Das Gesetz sah die Mitwirkung der Krankenkassen und Krankenhausträger bei der Bedarfsplanung vor und betraute die Kassen mit der Aufgabe, Empfehlungen über Maßstäbe für die Leistungsfähigkeit und Wirtschaftlichkeit der Kliniken zu entwickeln. Die Wurzel des Übels - das 1973 eingeführte retrospektive Vergütungssystem genannt „Selbstkostendeckungsprinzip" wurde nicht beseitigt.

Krankenhaus-Neuordnungsgesetz 1984

Ziel:

- Rückzug des Bundes aus der Krankenhausfinanzierung
- Mehr Prospektivität in der Vergütungssystematik

Überblick:

Die Mischfinanzierung der Krankenhausinvestitionen durch Bund und Länder wurde beendet, aber nicht das duale Prinzip verlassen. Operative Kosten wurden weiterhin von den Krankenkassen getragen, Investitionen nun von den Ländern anstatt vom Bund bezahlt, was auf der Krankenhausebene die negative Anreizwirkung der dualen Finanzierung nicht aufhob.

Für die Pflegesätze wurde das Prinzip prospektiver Verhandlungen eingeführt. Die nachträgliche, retrospektive Kostenerstattung wurde auf 25% der real entstandenen Kosten begrenzt.

Gesundheitsreformgesetz (GRG) 1988

Ziel:

- Aufhebung des Kontrahierungszwanges

Überblick:

Den Kassen wurde es ermöglicht, Versorgungsverträge mit nicht wirtschaftlich arbeitenden Krankenhäusern zu kündigen. Der bis dahin bestehende Kontrahierungszwang zwischen Krankenkassen und Krankenhäusern wurde aufgehoben und die Möglichkeit zur Überprüfung der Wirtschaftlichkeit und Leistungsfähigkeit der Krankenhausbehandlung eingeführt.

Ferner sollte die Transparenz des Leistungsgeschehens in den Kliniken durch Informationsauflagen erhöht werden. Erstmals wurden vergleichende Prüfungen zur Qualitätssicherung der stationären Versorgung ermöglicht und eine Bedarfsplanung für medizinische Großgeräte beschlossen.

Gesundheitsstrukturgesetz (GSG) 1993

Ziel:

- Sektorale Budgetierung
- Fakultative Abrechnung mit Fallpauschalen

Überblick:

Das Selbstkostendeckungsprinzip bei der Berechnung der Pflegesätze wurde aufgehoben. Zur Deckung ihrer Betriebskosten wurde den Krankenhäusern ein sektorspezifisches Budget auf Basis der Ausgaben von 1992 bereitgestellt (Budgetdeckelung). Für die Jahre 1993-1995 wurde dieses Budget an die Veränderungsrate der Einnahmen aller Krankenkassen angebunden.

Allerdings war die „Budgetdeckelung" durch zahlreiche Ausnahmebestimmungen perforiert. Anstelle der pauschalierten Tagessätze konnte fakultativ durch Einführung von Fallpauschalen und Sonderentgelten über leistungsmengenbezogene Entgeltsysteme abgerechnet werden. Diese leistungsmengenbezogenen Entgeltsysteme sollten über fixierte Preise Druck auf die „konkurrierenden" Leistungsanbieter in Richtung Kostenreduktion ausüben.

Bundespflegesatzverordnung (BPflV) 1995

Ziel:

- Abrechnung mit Fallpauschalen gesetzlich bindend

Überblick:

Mit der Bundespflegesatzverordnung wurden die im Gesundheitsstrukturgesetz eingeführten neuen Entgeltsysteme gesetzlich bindend. Die Vergütungssystematik stellte ein Mischsystem aus Budget- und Fallpauschalenfinanzierung dar, das retrospektive und prospektive Elemente enthielt. Über Abteilungspflegesätze wurden die Kosten des ärztlichen und pflegerischen Dienstes sowie von der Abteilung angeforderte Leistungen abgegolten. Der Basispflegesatz deckte alle übrigen Leistungen ab (Küche, Wäscherei, Verwaltung, etc.). Ferner konnten Krankenhäuser bestimmte, in einem Katalog detaillierte, Patientenfälle nur über Fallpauschalen abrechnen (prospektiv). Allerdings wurde bei Überschreiten einer gewissen Verweildauer auch die Möglichkeit eröffnet, die Kosten für jeden weiteren Behandlungstag über den Abteilungspflegesatz in Rechnung zu stellen (retrospektiv).

Stabilisierungsgesetz (StabG) 1996

Ziel:

- Verschärfte Erlösdeckelung

Überblick:

Der Bundespflegesatzverordnung zufolge hätte für den Zeitraum 1996-97 im Grundsatz wieder das bis 1992 gültige System des flexiblen Gesamtbudgets gegolten, jedoch ohne Kostendeckungsprinzip und mit wesentlich komplexeren Abrechnungsregeln.

Durch das „Gesetz zur Stabilisierung der Krankenhausausgaben" wurde für 1996 rückwirkend eine feste Erlösobergrenze vorgegeben. Danach durfte das Budget aus 1995 maximal entsprechend der linearen Erhöhung des Bundesangestelltentarifs steigen.

GKV-Neuordnungsgesetz (GKV-NOG) 1997

Ziel:

- Rückkehr zur Fallpauschalenvergütung
- De Facto bleibt Budgetdeckelung bestehen

Überblick:

Die „verschärfte Erlösdeckelung" von 1996 wurde aufgehoben und grundsätzlich zur Fallpauschalenvergütung nach der Bundespflegesatzverordnung von 1995 zurückgekehrt. Allerdings wurde das KHG und das Sozialgesetzbuch V (SGB V) in wesentlichen Punkten geändert, so dass de facto eine Budgetdeckelung mit zahlreichen Ausnahmetatbeständen bestehen blieb.

Beitragsentlastungsgesetz (BeitrEntlG) 1997

Ziel:
- Absenkung der Krankenkassenbeiträge um 0,4%

Überblick:

Es wurde eine Absenkung der Krankenkassenbeiträge in Höhe von 0,4% verfügt. Zur Gegenfinanzierung erfolgte für die Krankenhäuser in den Jahren 1997-1999 ein gleichbleibender pauschaler Budgetabzug in Höhe von mindestens 1%. Begründet wurde dieser Schritt mit einer Entlastung der Krankenhäuser durch die Einführung der Pflegeersicherung bzw. aufgrund von Mehreinnahmen der Krankenhäuser durch „Fehlbelegungen".

Änderungsverordnung zur Bundespflegesatzverordnung 1998

Ziel:
- Verschiebung der Kostenausgliederung von Fallpauschalen

Überblick:

Beim Kostenausgliederungsverfahren wurden die Budgets bzw. die Pflegesätze ohne die Erlöse aus Fallpauschalenleistungen kalkuliert. Da das Kostenausgliederungsverfahren eine detaillierte Kostenrechnung erfordert, die in vielen Krankenhäusern noch nicht vorhanden war, wurde die gesetzliche Verpflichtung zur Kostenausgliederung immer wieder verschoben.

Beim nach wie vor vorherrschenden Erlösabzugsverfahren können eventuelle Verluste durch nicht kostendeckend erbrachte Fallpauschalen-Leistungen über das Budget ausgeglichen werden (retrospektiver Charakter).

GKV-Solidaritätsstärkungsgesetz (GKV-SolG) 1999

Ziel:
- Beitragssatzstabilität in der gesetzlichen GKV
- Wahlgeschenk

Überblick:

Dieses Gesetz wurde von der rot-grünen Bundesregierung mit der Notwendigkeit begründet, im Rahmen eines Sofortprogramms „unvertretbare" Belastungen für Versicherte und Patienten zurückzunehmen (Selbstbehalte, Zuzahlungen) und zugleich durch eine vorläufige, kurzfristig wirksame Budgetdeckelung die notwendige Stabilität der GKV-Beitragssätze sicher-zustellen. Das Gesetz soll einerseits das Wahlversprechen der Regierungskoalition, die Zuzahlungen der Versicherten zurückzuführen, einlösen und andererseits die Zeitspanne bis Inkrafttreten der für den 1.1.2000 vorgesehenen großen Strukturreform der Krankenversicherung überbrücken.

Gesundheitsreformgesetz 2000 (GKV 2000)

Ziel:
- Einführung der DRG-Systematik

Überblick:

Die zentrale Norm für die Einführung der DRG-Systematik ist mit dem neuen §17b des Krankenhausfinanzierungsgesetzes (KHG) erlassen worden. Im Jahr des Inkrafttretens des Gesetzes fiel die Entscheidung für die Einführung bzw. Weiterentwicklung des australischen DRG-Systems (AR-DRG).

Zum 1.1.2003 wurde den öffentlich-rechtlichen Krankenhäusern in Verbindung mit zukünftigen Vergünstigungen zunächst die fakultative Einführung des DRG-Systems angeboten, zum 1.1.2004 wurden die Krankenhäuser dann zur Einführung der DRG-Systematik verpflichtet. In den Jahren 2003 und 2004 wurden die Krankenhausbudgets noch nicht auf DRG-Basis ermittelt (sog. budgetneutrale Phase), um die Krankenhäuser in der Einführungsphase nicht über Gebühr zu strapazieren.

In den Jahren 2005/2006/2007 erfolgt die schrittweise Angleichung der unterschiedlichen Krankenhausbudgets an das landeseinheitliche

DRG-Preisniveau. Ab 1.1.2007 soll das System voll funktionsfähig sein. Unklar ist jedoch welche Zusatzentgelte in den DRG-Preisen enthalten und ob Investitionskosten darin berücksichtigt werden.

Eckpunkte der Gesundheitsreform 2006

Ziel:

- Finanzierung der GKV über neuen „Gesundheitsfonds"
- Zentralisierung des Einzugs der Krankenkassenbeiträge

Überblick:

Zu den geplanten Eckpunkten dieser erneuten Reform und „Nagelprobe" der grossen Koalition gehört im Wesentlichen die Schaffung des bundeseinheitlichen Einzugs der Krankenkassenbeiträge, durch einen Gesundheitsfonds. Dadurch ändert sich zwar nichts an der Finanzierungsgrundlage der Gesetzlichen Krankenversicherung, die weiterhin aus Beiträgen und einem kleinen steuerfinanzierten Anteil bestehen soll. Dennoch wird durch dieses Novum ein großes Synergiepotential im System gehoben, das im Wesentlichen in der Vereinfachung und Entbürokratisierung des Beitragseinzugsprozesses liegt. Bis dato besteht beim Einzug der Beiträge zur gesetzlichen Kranken- wie auch Rentenversicherung das Modell aus den 60er Jahren, mit 250 Krankenkassen, die ca. 30.000 Buchhalter beschäftigen, um den bloßen schematischen Einzug der Gelder von Arbeitnehmer- und Arbeitgeberkonten zu vollziehen. Diese Strukturen haben sich im Zeitalter der Informationstechnologie eindeutig überholt. Die Organisation des gesamten bundesweiten Einzugs ist heutzutage mit moderner Technologie aus dem Transaction Banking wahrscheinlich mit einigen wenigen hundert Mitarbeitern möglich. Der neue Gesundheitsfonds könnte diese Banking-Dienstleistung zu den Banken bzw. Landesbanken auslagern, die auf Zahlungsverkehrsdienstleistungen spezialisiert und mit der Technologie vertraut sind. Ferner liegt die große Zahl der Kassen mitunter auch in der Tatsache begründet, dass jede

Krankenkasse in einem gewissen Rahmen ihren eigenen Beitragssatz definieren und einziehen kann. Hier soll der Gesundheitsfonds eine Vereinfachung bringen, indem bundeseinheitlich per Gesetz nur noch ein Krankenkassenbeitrag definiert und eingezogen wird und die Gelder dann vom Fonds an die Krankenkassen verteilt werden, was den streitbaren Risikostrukturausgleich zwischen den Kassen überflüssig macht.

Die Konsequenzen der geplanten Reform sind, dass Krankenkassen fusionieren müssen und aufgrund ihrer dann erhöhten Marktanteile weitaus stärker in die Angebotsstrukturen der Leistungserbringer eingreifen werden. Dies bedeutet auch, dass sich die Länder auf absehbare Zeit aus der Verantwortung für die Investitionsfinanzierung der Krankenhäuser zurückziehen und damit ihre Legitimation für die Krankenhausplanung verlieren werden. Wahrscheinlich wird die Krankenhausplanung verstärkt bilateralen Verträgen zwischen Krankenkassen und Krankenhausträgern unterliegen. Den verbleibenden Krankenkassen wird dann die Entscheidung obliegen, an welchen Orten und in welcher Konzentration sie bereit sind, Krankenhausleistungen zu bezahlen. Der Trend zur *Zentralisierung* und *Spezialisierung* im Krankenhaussektor wird sich fortsetzen.

Interpretation und Relevanz für die Analyse

Veränderungen in der Vergütungssystematik, wie sie durch die präsentierten Gesetze und Gesetzesvorhaben eingeleitet wurden, haben weitreichende Folgen für die Wirtschaftlichkeitsanreize und Risikoverteilungen zwischen den Beteiligten im Krankenhauswesen.

Besonders sticht die Änderung der Bundespflegesatzverordnung (BPflV) im Jahr 1973 heraus, mit der ein rein *retrospektives* Vergütungssystem durch die Einführung des „Selbstkostendeckungsprinzips" implementiert wurde. Hierbei ging der Anreiz zu wirtschaftlichem Umgang mit den Ressourcen und kostensparendem Verhalten auf der Krankenhausebene verloren. Prompt explodierten die Kosten, was vier Jahre später (1977) zum „Krankenversicherungs-Kostendämpfungsgesetz" führte, mit dem die „Ausgaben" der Financier-Seite gedämpft werden sollten. Das Ziel der „Ausgabendämpfung" der Financier-Seite ist hierbei eine elegante Formulierung für die Tatsache, dass vermutlich die Versicherungsbeiträge (die „Einnahmen" im Finanzsystem) nicht mehr ausreichten um die explodierten Kosten zu decken. Es steht zu vermuten, dass nicht die Krankenkassen von sich aus plötzlich mehr Geld ausgaben, sondern die Krankenhäuser mehr Leistungen abrechneten und zwar aufgrund des vom Gesetzgeber vier Jahre zuvor ausgestellten Freibriefes in Form der rein retrospektiven Vergütungssystematik.

Das „Selbstkostendeckungsprinzip" wurde erst im Jahre 1993 abgeschafft (die Nomenklatur wurde abgeschafft). In der Zwischenzeit gab es drei weitere Gesetze (1981, 1984, 1988), die alle das Ziel hatten, die Position der Financiers (der Krankenkassen) wieder zu stärken, ohne jedoch das Grundproblem aus der Welt zu schaffen.

Im Verlauf der hier nur im Überblick beleuchteten Entwicklungen wurden viele Detailregelungen in Kraft gesetzt, um die Retrospektivität in der Vergütungssystematik zu bewahren. Klares Indiz hierfür ist die „5. Änderungsverordnung zur Bundespflegesatzverordnung" aus dem Jahre 1998, mit der es den Krankenhäusern ermöglicht wurde, eventuelle Verluste wieder im Nachhinein (retrospektiv) über das Budget auszugleichen.

Die in 1972 beschlossene duale Finanzierungsform, die die Investitionsentscheidung aus dem Krankenhaus auf die Bürokratie wegverlagerte, ist nach wie vor in Kraft. Ob im Rahmen der DRG-Reform dieses Problem aus der Welt geschafft wird, ist bislang unklar, Ansätze hierzu sind aber in der geplanten Reform in 2006 erkennbar.

Das Buch ist wie folgt strukturiert: aufbauend auf einer Systematisierung der Krankenhausfinanzierung in Kapitel 2 wird die DRG-Systematik in Kapitel 3 erläutert. Nach der Definition der Risikodimensionen, die betrachtet werden sollen (Kapitel 4), wird die ökonomische Analyse auf der Basis zweier Modelle durchgeführt. Zunächst wird ein in der Literatur beschriebenes Modell dargestellt (Kapitel 5) und unter dem Risikoaspekt analysiert. Im Anschluß daran wird eine Modell-Eigenentwicklung in Kapitel 6 präsentiert, die den Risikogedanken stochastisch beschreibt. In beiden Modellen werden die Auswirkungen der *retrospektiven* und der *prospektiven* Vergütungssystematik – letztere wurde im Rahmen des GKV 2000 durch das DRG-System implementiert – auf die Risikoverteilung zwischen den Beteiligten und auf das Krankenhausverhalten erläutert.

Im Anschluss an die Modell-Analysen wird der Risikogedanke in Kapitel 7 aus einem anderen Winkel betrachtet, indem finanzwirtschaftliche Konzepte hinsichtlich ihrer Adaptionsfähigkeit auf gesundheitsökonomische Fragestellungen überprüft werden. Zwei Schwerpunkte werden hier gesetzt. Erstens, es wird die Frage der Anwendbarkeit der Markowitz´schen Portfolio-Theorie in gesundheitsökonomischen Evaluationsstudien im Rahmen einer Literaturübersicht beleuchtet. Zweitens wird ausgehend von den Problemen bei der Adaption der Portfolio-Theorie die Idee eines DRG-basierten Risikomanagements auf Basis des Value-at-Risk Konzeptes erläutert.

Als Forschungsmethodik wird die Simulation in Kapitel 6 eingesetzt. Hierzu wurde auf der Basis geeigneter Annahmen die Berechnung des Modells durchgeführt und im Tabellenanhang dargestellt. Durch die gezielte Variation der für die ökonomische Analyse zentralen Parameter – der Gewinnwahrscheinlichkeit bzw. Patientenrisikogruppe θ und des Prozentsatzes der retrospektiven Kostenübernahme β – können Aussagen über die Risikoverteilung zwischen den Akteuren und über das Krankenhausverhalten unter Risiko bei unterschiedlichen Vergütungssystematiken getroffen werden. Die theoretischen Schlussfolgerungen aus der Modellierung sowie die Simulationsergebnisse sind kohärent mit den in der Literatur dargestellten Ergebnissen und erweitern diese um den Risikoaspekt.

2 Systematisierung der Krankenhausfinanzierung

Die gesellschaftliche Bedeutung des Gutes Gesundheit und die Eigenschaften von Gesundheit bzw. von Gesundheitsleistungen implizieren eine starke, in vielen Staaten historisch gewachsene, staatliche Regulierung des Gesundheitswesens. Dies manifestiert sich in sehr ausdifferenzierten und von Staat zu Staat unterschiedlich ausgeprägten Gesetzgebungen in der Krankenhausfinanzierung. Vor diesem Hintergrund erscheint es wichtig, allgemeingültige Anhaltspunkte darzustellen, anhand derer es möglich wird, Systemanalysen durchzuführen. Damit kann von individuellen gesetzlichen Regelungen abstrahiert und ein analytischer Zugang ermöglicht werden.

2.1 Akteure in der Krankenhausfinanzierung

Für die Anlayse eines Krankenhausfinanzierungssystems ist die Betrachtung der Beteiligten - Leistungserbringer, Konsument und Financier - sowie deren Interdependenzen wichtig. Die folgende Abbildung stellt die Beziehungen aus der Sicht der jeweiligen Akteure dar.

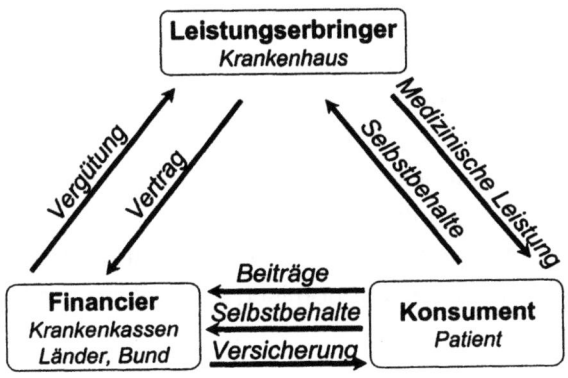

Abbildung 1: Akteure in der Krankenhausfinanzierung

Allen Systemen ist die Beziehung zwischen Konsumenten und Financier gemein, die entweder öffentlich-rechtlicher oder privatrechtlicher Natur sein kann. In der deutschen gesetzlichen Krankenversicherung werden die Beiträge nach der individuellen Leistungsfähigkeit des Konsumenten als Prozentsatz vom Bruttoeinkommen erhoben. Dahinter steht das *Solidarprinzip*, nachdem alle Versicherten den gleichen Versicherungsschutz erhalten. Hieraus resultiert eine Umverteilung von finanziell stärkeren zu finanziell schwächeren Pflichtversicherten[3]. Nicht versicherungspflichtig in der gesetzlichen Krankenversicherung sind Personen mit monatlichem Einkommen über 3.562,50 € in 2006 (sog. Beitragsbemessungsgrenze). Bei unselbständig Erwerbstätigen werden die Beiträge je zur Hälfte von Arbeitgebern und Arbeitnehmern getragen. In der privaten Krankenversicherung werden die Beiträge nach dem Versicherungsprinzip und gängigen aktuarischen Methoden erhoben, die das Versicherungsrisiko widerspiegeln.

Die Beziehung zwischen Financier und Leistungserbringer basiert auf verhandelten Verträgen. Der Verhandlungsspielraum ist entscheidend von den gesetzlichen Vorschriften zur Vergütungssystematik geprägt[4].

Ein weiterer, in der obigen Grafik nicht explizit dargestellter Akteur, ist der Staat. Dieser wird nur in der indirekten Form des öffentlich-rechtlichen Financiers erfasst. Der Staat hat in diesem System, ausser der Rolle des Financiers, vor allem die Rolle des Regulators inne, der gesetzliche Vorschriften zur Gestaltung der finanziellen und vertraglichen Beziehungen erlässt, also die Rahmenbedingungen des Systems definiert. In der ökonomischen Analyse wird von Principal-

---

[3] Musil, A.: Stärkere Eigenverantwortung in der Gesetzlichen Krankenversicherung: Eine agency-theoretische Betrachtung. Wiesbaden 2003, S. 59.
[4] siehe Abschnitt 5 und 6 für die Analyse der Auswirkungen verschiedener Vergütungsystematiken.

Agent Problemen zwischen dem Staat und den übrigen Akteuren abstrahiert.

2.2 Instrumente in der Krankenhausfinanzierung

Im Folgenden werden Instrumente vorgestellt, die in verschiedenen Krankenhausfinanzierungssystemen Verwendung finden. Ein Krankenhausfinanzierungssystem kann demnach auf der obersten Gliederungsebene durch drei Strukturelemente charakterisiert werden[5]:

- das Koordinations- und Preissystem
- die Finanzierungsstruktur
- das Vergütungsverfahren

2.2.1 Koordinations- und Preissysteme

Das Koordinations- und Preissystem bestimmt die Art und Weise, wie Angebot und Nachfrage im Krankenhauswesen zum Ausgleich gebracht werden. Die ökonomische Theorie befasst sich u.a. mit folgenden Koordinierungsinstrumenten und Preissystemen:

Märkte

Auf Märkten basiert die Angebotskurve auf dem Grenzkostenkalkül des Anbieters und die Nachfragekurve auf dem Grenznutzenkalkül des Nachfragers. Durch die Berücksichtigung dieser individuellen Knappheits- und Wertrelationen wird auf perfekten Märkten eine rationale Preisfindung und effiziente Allokation von Gütern gewährleistet. Märkte sind in ihrer Reinform dazu geeignet ein Pareto-Optimum sicherzustellen. Im Krankenhauswesen herrschen jedoch stark regulierte Marktsituationen vor, die bestenfalls als marktorientierte Systeme bezeichnet werden können. Angebot und Nachfrage werden oft durch Leistungsvereinbarungen zum Ausgleich gebracht – im Gegensatz zum Ausgleich durch das freie Spiel von Angebot und Nachfrage

---
[5] Morra, F.: Wirkungsorientiertes Krankenhausmanagement: Ein Führungshandbuch. Bern/Stuttgart/Wien 1996, S. 94.

auf idealtypischen Märkten. Die Vorteile des Marktes, nämlich seine Allokationseffizienz und Effizienz im Preisfindungsprozess, können im Krankenhauswesen nur eingeschränkt genutzt werden.

Wahlen und Planung

Ein Wahlsystem zeichnet sich durch politische Funktionäre aus, die zeitlich begrenzt dazu befugt werden, das Zusammenspiel von Angebot und Nachfrage zu steuern und sich der Bürokratie bedienen, um politische Vorstellungen durchzusetzen. Die Bürokratie wiederum setzt die Planung als Koordinationsinstrument ein. In diesem demokratisch legitimierten, aber planungsorientierten System werden Krankenhäuser zur Vorhaltung und Erbringung bestimmter Leistungen verpflichtet. Neben der hoheitlichen Leistungsvorgabe wird auch hoheitlich in das operative Geschäft der Leistungsanbieter eingegriffen.

Drei Preismechanismen sind für Krankenhausleistungen geeignet[6]:

Marktpreise

Auf einem Markt mit vollkommener Konkurrenz bildet sich der Marktpreis im Schnittpunkt der Angebots- und Nachfragekurve. In diesem Gleichgewichtspreis gilt, dass die angebotenen und nachgefragten Mengen eines Gutes oder Dienstes gleich sind, der Markt also vollständig geräumt ist. Anbieter und Nachfrager müssen ständig ihre Tauschbedingungen überprüfen und eventuell korrigieren, um am Markt erfolgreich bestehen zu können.

Verhandlungspreise

Im Unterschied zu Marktpreisen wird bei Verhandlungspreisen die Anonymität der Tauschprozesse in der Preisbildung aufgehoben. Der Preisbildungsprozess ist für die Beteiligten der Verhandlung transpa-

---

[6] Breyer, F.: Krankenhausfinanzierung jenseits des Kostendeckungsprinzips: Die Fallpauschale. In: Arnold/Paffrath, Stuttgart 1993, S.31-41.

renter, weil ihnen die Entscheidungsparameter der Gegenseite bekannt sein können.

Administrierte Preise

Im Falle administrierter Preise übernimmt eine staatliche Behörde oder eine vom Staat legitimierte Institution die Preisbestimmung in Form einer hoheitlichen Preisfestlegung. In der Realität trifft man oft Mischformen dieser Steuerungs- und Koordinationssysteme an.

2.2.2 Finanzierungsstruktur

Finanzwirtschaftlich betrachtet, versteht man unter der Finanzierungs- bzw. Kapitalstruktur eines Unternehmens das Verhältnis von Eigen- zu Fremdkapital in der Bilanz. Im Krankenhauswesen erfährt der Begriff *Finanzierungsstruktur* eine andere Konnotation, die im Zusammenhang mit den möglichen Finanzierungsquellen zur Deckung der Investitions- und Betriebskosten von Krankenhäusern steht.

Oftmals gewährt der Staat auf verschiedenen Ebenen Fördermittel zur Finanzierung öffentlich-rechtlicher Krankenhäuser[7]. Teilweise werden auch private Häuser gefördert. Jedoch ist hierfür meist die Aufnahme in einen staatlichen Krankenhausplan oder die Erteilung eines staatlichen Versorgungsauftrages die Voraussetzung.

Abbildung 2 verdeutlicht verschiedene Finanzierungsstrukturen bei Krankenhäusern. Bei Krankenhäusern spricht man von einer *monistischen* Finanzierungsstruktur, wenn sämtliche Kosten des Krankenhauses über *eine* Betriebsrechnung erfasst werden. Hingegen ist eine *duale* Finanzierungsstruktur gegeben, wenn Investitions- und Betriebskosten separat in zwei Teilrechnungen verrechnet und vergütet werden. In der Grafik wird nach zwei Dimensionen differenziert: nach der Anzahl der Financiers und nach der Anzahl der vom Krankenhaus

---

[7] Aus diesem Grund weisen insbesondere öff.-rechtl. Krankenhausbilanzen Sonderposten auf, die auf der Basis getrennter Teilrechnungen nach dem Finanzierungsgegenstand und Finanzierungsträger gebildet werden.

ausgewiesenen Kostenblöcke. Eine vollständig monistische Finanzierungsstruktur (*monistisch-monistisch*) bedeutet, dass *ein* Financier die Finanzierung des Krankenhauses über *einen* Finanzierungsmechanismus (z.B. Pflegesatz auf Vollkostenbasis) übernimmt. *Monistisch-Dualistisch* bedeutet, dass es nur *einen* Financier gibt, jedoch das Krankenhaus *zwei* Kostenblöcke ausweist, die über unterschiedliche Finanzierungsmechanismen (z.B. Investitionsfinanzierung auf Antrag, Betriebskosten über den Pflegesatz) gedeckt werden.

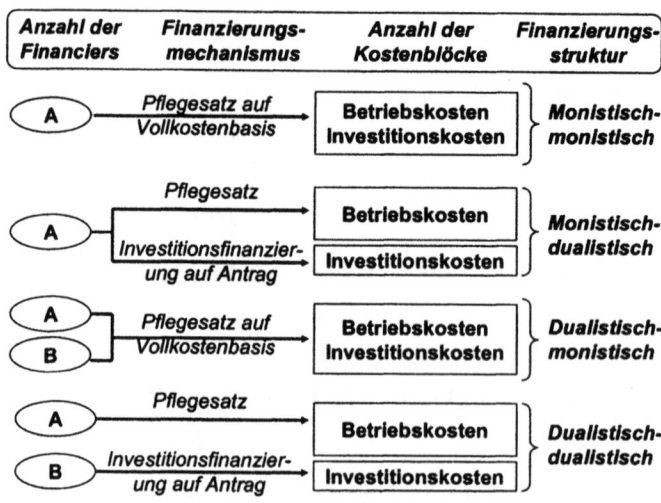

Abbildung 2: Monistische und Duale Krankenhausfinanzierung

Dualistisch-Monistisch beschreibt, dass sich *zwei* Financiers die Gesamtkosten nach einem bestimmten Schlüssel teilen, hierbei aber nur *ein* Finanzierungsprinzip angewandt wird (z.B. Pflegesatz auf Vollkostenbasis).

Dualistisch-Dualistisch impliziert *zwei* Financiers, die sich die Kosten getrennt nach den Kostenarten teilen. Dieses letztere Prinzip ist in

Deutschland vorherrschend, da die operativen Kosten von den Krankenkassen und die Investitionskosten von den Bundesländern getragen werden. Prinzipiell können die Dimensionen weiter aufgespalten werden, bis hin zu multiplen Finanzierungsstrukturen. Entscheidend ist, dass die Dimensionen „Anzahl der Financiers" und „Anzahl der Kostenblöcke" unterschiedliche Wirkungen auf das Krankenhausverhalten haben.

Das Problem jedweder *dualen Finanzierungsstruktur* besteht in der Trennung der unternehmerischen Investitionstätigkeit vom operativen Geschäft des Krankenhauses. Der grundlegende Anreiz unternehmerischer Tätigkeit besteht darin, erwirtschaftete Gewinne reinvestieren zu können und so die Wettbewerbsposition des Unternehmens und die Chancen auf zukünftige Gewinne zu verbessern. Daraus folgen die Bestrebungen Kosten zu sparen, das operative Geschäft effizient zu gestalten und die „Kunden" (hier Patienten) optimal zufrieden zu stellen, um sie nicht an Wettbewerber zu verlieren. Im Rahmen einer dualen Finanzierungsstruktur werden Investitionsentscheidungen durch Fördergelder aus dem Bundes- oder Länderhaushalt bürokratisch reguliert, wodurch entscheidende Anreize zu unternehmerischem Denken und Handeln auf der Krankenhausebene wegfallen.

2.2.3 Vergütungssystematik

Bei Vergütungssystematiken ist zwischen der *Vergütungseinheit* und der *Vergütungsbasis* zu unterscheiden. In der Frage der *Vergütungsbasis* lassen sich zwei grundlegende Vorgehensweisen definieren, die *retrospektive* und die *prospektive* Vergütung.

Retrospektive Vergütung

Die retrospektive Kostenvergütung orientiert sich an den tatsächlich entstandenen Kosten einer abgelaufenen Rechnungsperiode. Aus der Sicht des Krankenhauses entsprechen die Erträge für die erbrachten Leistungen immer den entstandenen Kosten. Eine eventuelle Kostenüber- oder unterdeckung wird am Ende der Rechnungsperiode durch den Financier ausgeglichen. Es werden „Angemessenheitskriterien" berücksichtigt, um eine objektive Kostenerstattung zu ermöglichen. Hierbei können die verschiedensten Benchmarks herangezogen werden, so z.B. die Durchschnittskosten aller Krankenhäuser derselben Versorgungsstufe, die Ziel- oder Sollkosten der entsprechenden Versorgungsstufe oder das Kostenniveau des teuersten oder billigsten Krankenhauses der betreffenden Versorgungsstufe[8]. Das Grundproblem der retrospektiven Vergütung ist die Trennung des wirtschaftlichen Kalküls vom Prozess der Leistungserstellung auf der Krankenhausebene. Intuitiv kann die Aussage getroffen werden, dass ein *rein retrospektives System*, in dem Kosten (Überschüsse) jedweder Höhe *am Ende der Berichtsperiode* durch den Financier beglichen (abgeschöpft) werden, auf der Ebene des Krankenhauses *keinen* Anreiz zum wirtschaftlichen Umgang mit Ressourcen setzt.

Prospektive Vergütung

Im Gegensatz zur retrospektiven Methode wird bei der prospektiven Vergütung die Höhe der Kostenvergütung schon zu Beginn der Rechnungsperiode festgelegt. Dies ist insbesondere bei DRG-Systemen der Fall, bei denen die Vergütungshöhe pro Patientenfall transparent ist. Eventuelle Kostenunterdeckungen werden über die gewährte Fallpauschale hinaus nicht mehr durch den Financier aufgefangen. Kostenüberdeckungen hingegen können auf der Krankenhausebene als Gewinne realisiert werden. Das Krankenhaus hat somit den Anreiz zum wirtschaftlichen Umgang mit Ressourcen.

Krankenhausbudgetierung

Ferner werden bei der prospektiven Kostenerstattung mehrere Arten von Krankenhausbudgets unterschieden. Zu nennen sind die auf

---

[8] Eichhorn, S.: Ansatzpunkte und Methoden zur Beurteilung der Leistungsfähigkeit der Krankenhausversorgung. In: Krankenhaus Umschau, 1997, Heft 6, S. 459-464.

Pflegetagen und auf Fallzahlen basierenden Budgets. Diese können entweder *starr* (= *rein prospektiv*) oder *flexible* (= *mit retrospektiven Elementen*) sein, je nachdem ob man sich an den real entstandenen oder an den vorauskalkulierten Pflegetagen bzw. Fallzahlen orientiert. Nicht zu verwechseln mit dem spezifischen Krankenhausbudget ist das in der öffentlichen Diskussion oftmals erwähnte *Globalbudget*. Hierbei handelt es sich um das auf der politischen Ebene festgelegte Gesamtbudget im Staatshaushalt, das für die Krankenhausfinanzierung zur Verfügung steht. In diesem Globalbudget wird der Beitrag des Staates für die Krankenhausfinanzierung *prospektiv* auf Basis von DRGs, Fallzahlen, Pflegetagen o.ä. und unter Zuhilfenahme makroökonomischer Schätzungen (z.B. Bevölkerungsentwicklung) festgelegt und ggf. „gedeckelt".

Wie schon durch die Krankenhausbudgetierungspraxis deutlich wird, sind vor allem *Mischformen* der retrospektiven und prospektiven Vergütung vorherrschend. Diese können sich aus der Aufspaltung der Mengen- und Preiskomponente der Vergütungssystematik ergeben. Fallzahlen und die Vergütung pro Fall können ex post bzw. ex ante festgelegt werden. Werden die Fallzahlen und deren Vergütung ex ante fixiert, dann ist das Budget starr und somit die Vergütung *rein prospektiv*. Werden hingegen die Vergütungspreise und Fallzahlen ex post festgestellt, so handelt es sich um eine *rein retrospektive* Kostenerstattung. Denkbar ist z.B. auch die ex ante Festlegung der Vergütungspreise und das Offenlassen der Fallzahlen, wodurch das Fallzahlrisiko für den Leistungserbringer minimiert wird und für den Financier ggf. entsteht[9]. Insbesondere bei DRG-Systemen werden retrospektive Vergütungselemente durch die ex post Kostenerstattung von Kostenausreißer-Fällen implementiert. Die wichtigsten *Vergütungseinheiten* im stationären Sektor sind:

---

[9] In der Risikobetrachtung der Kapitel 5 und 6 wird allerdings von der Möglichkeit der Fallzahlbegrenzung abstrahiert und nur das durch die Vergütungsbasis (retrospektiv vs. prospektiv) induzierte Risk-Shifting betrachtet.

Pflegesatz / Tagessatz

Beim Pflegesatz gilt der Pflegetag als Vergütungseinheit. Diese Vergütungseinheit ist vor allem im Krankenhauswesen wiederzufinden. Das Grundproblem besteht in der Tatsache, dass durch taggleiche Pflegesätze für Krankenhäuser der Anreiz entsteht, die Verweildauer des Patienten zu verlängern[10]. Um dieser Problematik entgegenzuwirken, wurden verschiedene Berechnungsmethoden entwickelt, die aber das Grundproblem des bestehenden Anreizes zur Verweildauerausdehnung nicht lösen. Zu nennen sind der lineare Pflegesatz, der degressive Pflegesatz, der nach Pflegeintensität gestaffelte Pflegesatz, der abteilungsbezogene Pflegesatz sowie der Pflegesatz nach dem Bonus-Malus-Verfahren.

Kopfpauschale

Diese auf einem Versorgungsauftrag basierende Vergütungseinheit gewährt dem Krankenhaus einen Pauschalbetrag für jeden eingeschriebenen Patienten, dem das Krankenhaus eine stationäre Leistung garantiert. Jeder Bürger wählt in diesem System durch ein Einschreibeverfahren ein Krankenhaus aus. Sollte er im Krankheitsfall doch ein anderes Krankenhaus aufsuchen, so erstattet sein Stammkrankenhaus dem behandelnden Krankenhaus die Kosten. Dieses Prinzip wird vor allem bei den Health Maintenance Organisations (HMOs) in den U.S.A. angewandt.

Fallpauschale

Die Fallpauschale ist eine *preisorientierte* und *fallbezogene* Vergütungsform. Drei Arten der Fallpauschale lassen sich unterscheiden: die *abteilungsbezogene*, die *patientengleiche* und die *krankheitsartenorientierte Fallpauschale*. Die abteilungsbezogene Fallpauschale gliedert sich nach den Fachbereichen, vernachlässigt aber die patientenspezifische Verweildauer. Die patientengleiche Fallpauschale

---

[10] Schulenburg, M., Greiner, W. 2000, S. 23.

bezieht sich auf die durchschnittliche Ressourcenbeanspruchung pro Fall, berücksichtigt aber nicht den Schweregrad der Erkrankung und die durchschnittliche Verweildauer des Patienten. Bei der krankheitsbezogenen Fallpauschale werden hingegen Patienten mit ähnlichen Diagnosen und ähnlichem Ressourcenverbrauch in Diagnosegruppen zusammengefasst, für die das Krankenhaus eine spezifische Fallpauschale erhält[11]. Inbesondere Systeme auf Basis der 1977 an der Yale University entwickelten „Diagnosis Related Groups (DRG)" sind weltweit im Einsatz und werden im folgenden Abschnitt detailliert vorgestellt.

---

[11] Morra 1996, S. 100.

3 Diagnosis Related Groups

DRG-Systeme sind Patientenklassifikationssysteme, mit denen das Ziel verfolgt wird, die ökonomische und die klinisch-medizinische Sichtweise auf einen gemeinsamen Nenner zu bringen. Die Patientenschaft bzw. deren Behandlung wird deshalb in zwei Gruppen unterteilt:

- Nach der medizinischen Diagnose bzw. Behandlung definierte Fallgruppen
- Nach der Höhe der Kosten definierte Fallgruppen (kostenhomogene Gruppen)

Die klinische Seite möchte eine Zusammenfassung der Patienten in ähnliche Fälle, ausgehend von den Problemen und Zielen bei der Behandlung der einzelnen Patienten. Die ökonomische Seite, meist vertreten durch die Klinikverwaltung bzw. Financiers, möchte auf Basis der angefallenen Kosten Pauschalbeträge für die Vergütung der Einzelfälle definieren. Aus der betrieblichen Perspektive geht es um die Planung von Kosten und Erträgen, aus der medizinischen Sicht um die optimale Behandlung der Patienten.

Diagnosis Related Groups sind in den U.S.A. seit 1983 ein weitverbreitetes System zur Klassifikation und Abrechnung medizinischer Leistungen. Es werden alle stationären Behandlungen in Akutkrankenhäusern auf der Basis von Falldaten nach klinischen Kriterien in Gruppen mit ähnlichen Kosten zusammengefasst. Damit können die DRGs auch als Verrechnungseinheiten in Tarifvereinbarungen zwischen Leistungserbringer und Financier eingesetzt werden. Die DRGs beziehen sich primär auf die erste angegebene Diagnose als Hauptdiagnose. Weitere Klassifikationsmerkmale sind:

- Alter und Geschlecht
- Geburtsgewicht bei Neugeborenen
- Austrittsart

Die Zuweisung einer DRG zu einem Fall beinhaltet vier Schritte:

1. Bestimmung der Hauptkategorie (*MDC = Major Diagnostic Category*) aufgrund der Hauptdiagnose

2. Bestimmung der Basis-DRG innerhalb der gefundenen Hauptkategorie, aufgrund der wichtigsten Prozedur bei chirurgischen Eingriffen bzw. aufgrund der Hauptdiagnose

3. Bestimmung des Schweregrades aufgrund der Nebendiagnosen unter Berücksichtigung der Hauptdiagnose oder der Basisfallgruppe

4. Bestimmung der DRG aufgrund der Kombination von Basis-DRG, Schweregrad und evtl. dem Alter

DRGs werden alphabetisch-numerisch definiert, wie im nächsten Abschnitt noch genauer erläutert wird. Als Behandlungseinheit ist der stationäre Fall definiert, dessen Zeitraum vom Eintritt bis zum Austritt des Patienten festgelegt ist.

3.1 Grundlagen des deutschen DRG-Systems

Das deutsche DRG-System „G-DRGs - German Diagnosis Related Groups" ist eine Weiterentwicklung bzw. Adaption des australischen Systems „AR-DRGs Version 4.1". Im Folgenden wird deshalb anhand der AR-DRG Version 4.1 die Funktionsweise von DRG-Systemen näher erläutert[12].

Das System der „Australian Refined Diagnosis Related Groups (AR-DRG)" entstand 1998 als Nachfolger des AN-DRG-Systems („Australian National Diagnosis Related Groups")[13].

---

[12] Günster, C.: Australian Refined Diagnosis Related Groups (AR-DRGs). Wissenschaftliches Institut der AOK (WidO) 2000.
[13] Thiele, G.: Praxishandbuch: Einführung der DRGs in Deutschland. Heidelberg 2001. S. 137–158.

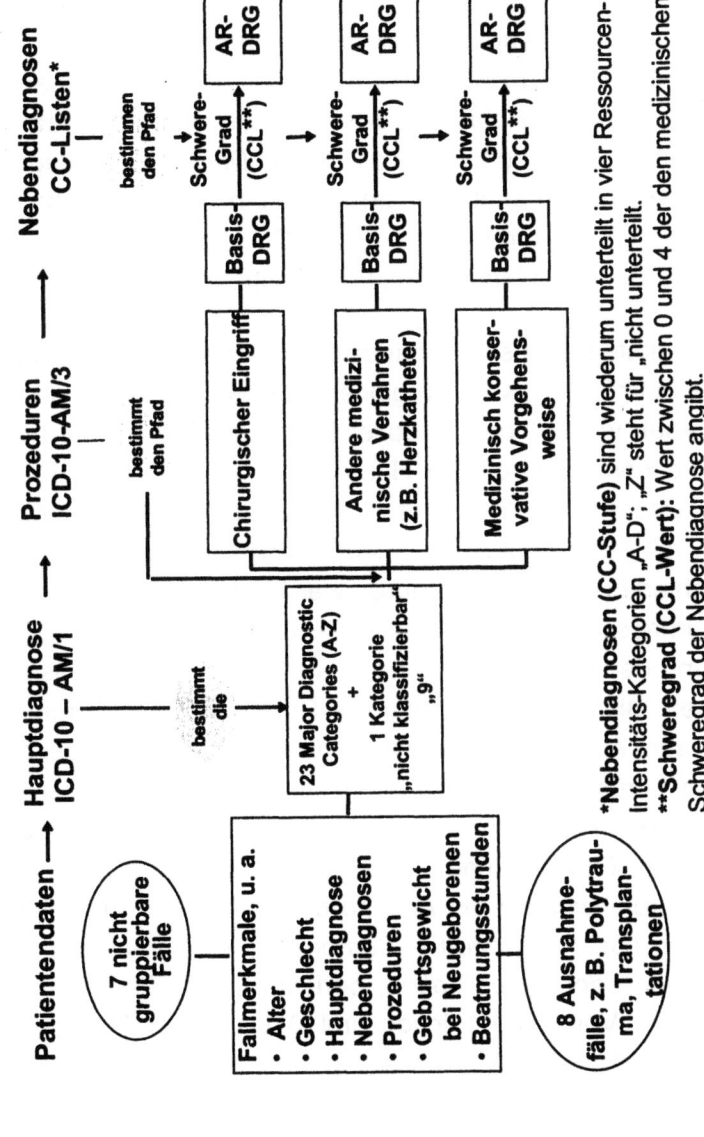

Abbildung 3: DRG Gruppierungsschema (Quelle: Münch 2002)

In den AR-DRG der Version 4.1 wird der Gruppierungsschlüssel ICD-10, zur Diagnose- und Prozedurenkodierung verwendet. Diagnosen werden nach ICD-10-AM/Band 1 kodifiziert, Prozeduren nach ICD-10-AM/Band 3. Wie in Abbildung 3 dargestellt, wird jeder Krankenhausfall einer der 23 Hauptkategorien (*Major Daignostic Category, MDC*) zugeordnet, mit Ausnahme von sieben nicht gruppierbaren Fällen sowie acht Ausnahmefällen (=*Pre-MDC*, abgekürzt mit Buchstabe „A"), wie z.B. Transplantationen und Tracheostomien.

Die Hauptkategorien sind organbezogen aufgebaut, bzw. repräsentieren die betroffenen Körperregionen und werden mit alphabetischen Buchstaben von „A" bis „Z" bezeichnet. Größtenteils wird die Hauptkategorie bereits durch die Hauptdiagnose festgelegt. Im nächsten Schritt werden die Prozeduren innerhalb der Hauptkategorien in „operative" (= chirurgische), „medizinsche" und „andere" Sub-MDCs unterschieden. Diese Prozeduren werden numerisch bezeichnet (01-39: „chirurgisch", 40-59: „sonstige", 60-99: „medizinisch"). Nach Bestimmung der MDC und Sub-MDC wird der Fall einer Basis-DRG zugewiesen. Bis zur Bestimmung der Basis-DRG werden im Entscheidungsbaum also ausschließlich *medizinische Kriterien* bei der Fallzuordnung berücksichtigt. Um zur abschließenden Gruppenzuordnung zu gelangen, werden nun *ökonomische Kriterien* hinzugezogen. Als Maß für die ökonomische – sowie zwangsläufig auch medizinische Fallschwere – werden die Art und die Anzahl der gestellten Nebendiagnosen (*CC-Kategorien = Comorbidity or Complication = Begleiterkrankung oder Komplikation*) berücksichtigt. Es gibt im AR-DRG-System der Version 4.1 insgesamt 3100 Nebendiagnosecodes für Neugeborene und 2802 Nebendiagnosecodes für andere Patienten. Diese Nebendiagnosen werden nach ökonomischen Kriterien in vier Ressourcenintensitätsstufen unterteilt und mit den Buchstaben „A" bis „D" bezeichnet („Z" steht für nicht unterteilbar). Die Zuordnung der Nebendiagnosen zu den Ressourcenintensitätskategorien A-D erfolgt über die Bestimmung des klinischen Schweregrads (*CCL = Complica-*

tion and Comorbidity Level = klinischer Schweregrad). Die folgende Tabelle gibt einen Überblick zu dieser Unterteilung.

Tabelle: Nebendiagnose-Kategorien der AR-DRGs (Quelle: Fischer 2000)

CC-Kategorie	Erklärung
A	Schwerste CC-Kategorie. A-DRG mit den höchsten Bedarf an Behandlungsressourcen in der Basis-DRG
B	zweitschwerste CC-Kategorie. A-DRG mit dem zweithöchsten Bedarf an Behandlungsressourcen in der Basis-DRG
C	drittschwerste CC-Kategorie. A-DRG mit dem dritthöchsten Bedarf an Behandlungsressourcen in der Basis-DRG
D	Leichteste CC-Kategorie. A-DRG mit dem geringsten Bedarf an Behandlungsressourcen in der Basis-DRG
Z	keine CC-Unterscheidung in der Basis-DRG.

Jeder Nebendiagnose wurde in Abhängigkeit der Basis-DRG, dem Geschlecht und der Entlassungsart ein Schweregrad-Wert zwischen 0 und 4 zugeordnet.

Tabelle: Schweregrad-Werte der Nebendiagnosen (Quelle: Fischer 2000)

Schweregrad-Wert (CCL-Wert)	Bedeutung
CCL = 0	Keine Begleiterkrankung oder Komplikation
CCL = 1	Leichte Begleiterkrankung oder Komplikation
CCL = 2	Mittlere Begleiterkrankung oder Komplikation
CCL = 3	Schwerwiegende Begleiterkrankung oder Komplikation
CCL = 4	Sehr schwerwiegende Begleiterkrankung oder Komplikation („catastrophic")

Aus allen vorliegenden Nebendiagnosen wird der patientenbezogene Gesamtschweregrad (*PCCL*) abgeleitet. Bei den AR-DRGs wird für die Berechnung des PCCL ein Algorithmus eingesetzt, der alle Nebendiagnosen auswertet und gewichtet. Je mehr Diagnosen vorhanden sind, desto stärker erhöht sich der PCCL. Damit wird dem kumulativen Effekt mehrerer relevanter Nebendiagnosen bei einem Behandlungsfall Rechnung getragen. Abbildung 4 zeigt ein Beispiel für eine DRG mit den drei Komponenten „Hauptgruppe", „Prozedur", „Schweregrad". Die DRG gehört zu der mit „G" bezeichneten Hauptdiagnose-Kategorie (*MDC*) „Krankheiten und Störungen der Verdauungsorgane". Es handelt sich um einen chirurgischen Eingriff, mit der Prozedur-Nummer „07" und dem Schweregrad „B". Der Fall ist eine Appendektomie (Entfernung des Blinddarmes) ohne komplexe Nebendiagnose.

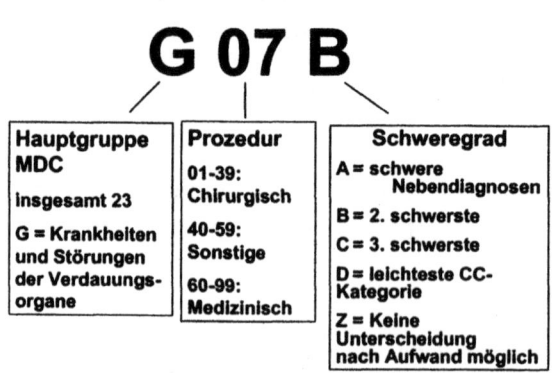

Abbildung 4: Beispiel für eine AR-DRG

3.2 Vergütung mit DRGs

Nachdem das Gruppierungsschema dargestellt wurde, wird nun auf die wichtigste Anwendung der DRGs, nämlich als Vergütungseinheit, eingegangen.

3.2.1 Kalkulation der Kostengewichte

Kostengewichte (*cost weights* oder auch *Relativgewichte*) spiegeln die Kosten der Behandlung wider und werden als relative Werte angegeben. Bei DRG-Systemen wird gewöhnlich zu jeder Behandlungsfallgruppe ein Kostengewicht ermittelt. Die Kostengewichte werden in Relation zu den nationalen Durchschnittsfallkosten berechnet. Die Durchschnittsfallkosten selbst erhalten das Kostengewicht 1,0.

(1) $\quad Kostengewicht\,(CW)\,DRG_x = \dfrac{\varnothing\,Fallkosten\;DRG_x}{\varnothing\,Fallkosten\;DRG_{alle}}$

Kostengewichte gehören nicht untrennbar zu bestimmten Patientenklassifikationssystemen. In Deutschland hat man sich bei der Übernahme des australischen DRG-Systems zur Berechnung eigener Kostengewichte entschlossen. Im Rahmen des sog. „Methoden Pre-Tests" wurden Daten von 20 Krankenhäusern ausgewertet, um erste Anhaltspunkte für die Berechnung bundesweit gültiger Kostengewichte zu erhalten. Bei der Berechnung der Kostengewichte ist zu beachten, welche Kosten gewichtet werden. In den U.S.A. sind beispielsweise die Arztkosten nicht enthalten, da diese infolge des Belegarztsystems üblicherweise nicht über Fallpauschalen abgerechnet werden[14]. Falsch berechnete Kostengewichte können fatale Folgen für die Anreizwirkung von DRG-Systemen haben. Unterlaufen bei der Kostenbewertung im stationären Bereich Fehler, so kann dies *eventuell* zu einer Verlagerung der betreffenden Fälle in den ambulanten Bereich führen. Wie stark die Verlagerung für bestimmte Diagnosegruppen ausfällt, ist letztlich von deren Bewertung im stationären Bereich im Vergleich zum ambulanten Bereich abhängig[15].

Die auf Mittelwerten beruhende Berechnung der Kostengewichte kann durch Kostenausreißer stark beeinflusst werden. Vor allem bei DRGs mit kleinen Fallzahlen ist dies so, weil hier zufällig auftretende Hochkostenfälle den Kostendurchschnittswert in der DRG stark verzerren können. Es gibt statistische Methoden, mit denen robuste Mittelwerte berechnet werden können, um dieses Problem zu mildern. Da trotzdem die Möglichkeit besteht, dass zufällige Hochkostenfälle auftreten, sind in vielen DRG-Systemen spezielle Kostenausreißer-

---

[14] Fischer, W.: Grundzüge von DRG-Systemen. In: Arnold, Litsch, Schellschmidt (Hrsg.): Krankenhaus-Report 2000. Schwerpunkt: Vergütungsreform mit DRGs. Stuttgart/New York 2000. S. 13-31.
[15] Fischer, W.: Vergleiche von Kostengewichten.1997.http://www.fischer-zim.ch/streiflicht/Kosten-Gewichte-9710.htm. Stand: 8.5.2005.

vergütungen vorgesehen. Auf beide Themenkreise wird im Rahmen der Diskussion des DRG-basierten Risikomanagements in Abschnitt 7.4 eingegangen.

3.2.2 Case Mix und Case Mix-Index

Gewichtet man die Fallzahlen X_{DRGi} in einer DRG_i mit dem entsprechenden Kostengewicht CW_{DRGi} und summiert diese gewichteten Fallzahlen für alle „n" DRGs in der Abrechnungsperiode, so resultiert der „Case-Mix".

(2) $$Case\ Mix = \sum_{i=1}^{n} X_{DRGi} \cdot CW_{DRGi}$$

Um den durchschnittlichen Aufwand der Fälle zu erhalten, kann diese Summe durch die Gesamtfallzahl des Krankenhauses geteilt werden. Dieses durchschnittliche Kostengewicht pro Behandlungsfall wird *Case-Mix-Index (CMI)* genannt.

(3) $$Case\text{-}Mix\text{-}Index = \frac{\sum_{i=1}^{n} X_{DRGi} \cdot CW_{DRGi}}{\sum_{i=1}^{n} X_{DRGi}}$$

Der Case-Mix-Index ist ein Indikator für den durchschnittlichen Ressourcenverbrauch der behandelten Fälle. Beide Kennzahlen – Case-Mix und Case-Mix-Index – sind wichtige Werkzeuge zur Steuerung von Krankenhäusern und deren Organisationseinheiten in wirtschaftlicher wie auch struktureller Hinsicht. Ihr Einsatz wird in Abschnitt 3.2.4 verdeutlicht.

3.2.3 DRG-Preissystematik

Um nach der DRG-Gruppierung zur €-Fallpauschale des Patientenfalles zu gelangen, wird der sog. Basispreis (Baserate) mit dem DRGspezifischen Kostengewicht multipliziert. Dieser für alle Behandlungsgruppen geltende Preis stellt den Wert der Behandlung eines imaginären Falles mit dem Kostengewicht 1,0 dar. Der Basispreis wird für die zukünftige Budgetierungsperiode üblicherweise als *administrierter Preis* bundesweit oder regional vom Staat ex post auf Basis von Kostenerhebungen bei Krankenhäusern festgelegt. In Deutschland soll die Vereinbarung des Basispreises jährlich durch die Vertragspartner (Krankenhausgesellschaft – Verbände der Krankenkassen) auf Landesebene erfolgen[16]. Die Verhandlungen basieren auf Daten der vergangenen Rechnungsperiode sowie auf Daten aus Plankostenrechnungen. Der Basispreis wird am Ende einer Rechnungsperiode verhandelt bzw. fixiert und für die kommende Budgetierungsphase (also prospektiv) als Rechnungsgrundlage verwandt.

In der Vergütung der jeweiligen Fallgruppen können auch Zu- und Abschläge auf die ermittelte €-Fallpauschale gewährt werden, wie z.B. Zuschläge für „Bettenvorhaltung", „Lehre" oder „Forschung". Auch Abschläge sind denkbar, z.B. bei Überschreitung von vertraglich festgelegten Fallzahlen in bestimmten Fallgruppen.

3.2.4 Rechnungsbeispiele

Um die DRG-basierte Vergütungssystematik verständlich zu machen, wird im Folgenden das bei Sell[17] dargestellte Beispiel in adaptierter Form präsentiert. Zunächst wird die Vergütung eines Einzelfalles berechnet. Unter Hinzunahme eines weiteren Falles werden dann Case-Mix und Case-Mix-Index berechnet und die Abteilungs- bzw. Krankenhausbudgetierung dargestellt. Es wird von einer einfachen Blinddarmentfernung (Appendektomie) ausgegangen.

---

[16] KHEntgG: Gesetz über die Entgelte für voll- und teilstationäre Krankenhausleistungen (Krankenhausentgeltgesetz), vom 23. April 2002, In: BGBl I 2002, § 10 Abs.1.
[17] Sell, S.: Einführung eines durchgängig (fall)pauschalierenden Vergütungssystems für Krankenhausleistungen auf DRG-Basis. Eine Literaturübersicht. In: Sozialer Fortschritt. Unabhängige Zeitschrift für Sozialpolitik, 2000, Heft 5, S.102-115.

Angaben

DRG₁: Appendektomie ohne komplexe Nebendiagnose (G 07 B)
Basispreis: 2.800 €
Kostengewicht, CW: 0,81

Vergütung des Falles

$$0{,}81 \times 2.800\ € = \underline{2.268{,}-}$$

Case-Mix und Case-Mix-Index

Eine Allgemeinchirurgie hat sich auf die zwei folgenden DRGs spezialisiert:

DRG₁: Appendektomie ohne komplexe Nebendiagnose (G 07 B)
Kostengewicht, CW: 0,81
Anzahl der Fälle, X: 1.000

DRG₂: Große Darm-OP o. komplexe Nebendiagnose (G 02 B)
Kostengewicht, CW: 3,19
Anzahl der Fälle, X: 300

Berechnung Case Mix und Case-Mix Index

DRG₁, G 07 B:	0,81 (CW) x 1.000 (Fälle)	= 810
DRG₂, G 02 B:	3,19 (CW) x 300 (Fälle)	= 957
Summe der gesamten Fälle:		= 1.300
Case-Mix (Summe der gewichteten Fälle):		= 1.767
Case-Mix-Index: =	1.767 / 1.300	= 1.359

Die Allgemeinchirurgie hat einen Case-Mix-Index von 1,359. Das heißt im Durchschnitt sind die Fälle dieser Abteilung um fast 36% kostenaufwändiger als im Basisfall 1,0.

Der Case-Mix, also die Summe der gewichteten Fälle der Allgemeinchirurgie, beträgt 1.767.

Anwendung des Case-Mix

Der Case-Mix kann als Kennzahl zur Definition von Mindestleistungen z.B. einer Station genutzt werden, um die Kostendeckung zu bestimmen. Liegt der Case-Mix unter einem bestimmten Grenzwert (z.B. unter 1500 gewichteten Fällen), dann könnte das heißen, dass sich die Station nicht trägt. Mögliche Handlungsoptionen wären z.B. die Fusion mit einer anderen Abteilung, die bessere Steuerung der Fälle zur Anhebung des Case-Mix oder die Einsparung von Kosten.

Anwendung des Case-Mix-Index

Es kann Fälle geben, in denen es sinnvoll wäre, die Zuordnung nach medizinischen Fachrichtungen zu Gunsten einer fächerübergreifenden Zuordnung nach medizinisch-ökonomischen Schweregraden aufzugeben. Der Case-Mix-Index kann hierbei als Maßzahl zur Bildung von Stationen unterschiedlichen Schweregrades (vergleichbar mit „Versorgungsstufen") innerhalb eines Krankenhauses eingesetzt werden. Es könnte beispielsweise eine Unterbringung von Patienten mit spezifischem Kostengewicht auf für diesen Schweregrad ausgerichtete Stationen erfolgen. Auch wäre eine bestimmte Case-Mix Zielgröße pro Station vorstellbar, deren Einhaltung im Rahmen der Aufnahmeprozedur anhand des spezifischen Kostengewichts gesteuert werden kann. Der Vorteil einer Patientenzuordnung nach medizinisch-ökonomischen Schweregraden, wie sie im Case-Mix-Index zum Ausdruck kommen, läge in der Möglichkeit die Ablauforganisation im Krankenhaus zu optimieren. Insbesondere könnten die hausinternen Überweisungen von Fachabteilung zu Fachabteilung anhand des *CMI* geprüft und eventuell effizienter gestaltet – also reduziert – werden. Dieses Umdenken in der Krankenhausablauforganisation würde implizieren, dass tendenziell der Facharzt zum Patienten käme und nicht mehr der Patient zum Facharzt (i.S.v. hausinterner Überweisung). Dadurch wäre die Möglichkeit einer besseren Verteilung der personellen Pflegeressourcen gegeben.

Budgetierung

Eine weitere Anwendung des Case-Mix-Index liegt in der Berechnung von Budgets. Bei einem angenommenen Basispreis von 2.800 € würde sich das Budget im Beispiel der allgemeinchirurgischen Abteilung wie folgt ermitteln:

```
Case-Mix-Index  x  Basispreis  x  Fallzahl  = Budget
    1,39        x    2.800 €   x   1.300    = 4.950.400,- €
```

Das Gesamtbudget eines Krankenhauses errechnet sich genauso wie auf der Ebene der Abteilung, allerdings ergänzt um eventuelle Zuschläge. Auf weitere betriebswirtschaftliche Implikationen der DRG-Systematik wird in Abschnitt 7.4 unter dem Aspekt des Risikomanagements eingegangen.

Interpretation der Beispiele

Aus dem Beispiel wird deutlich, dass durch DRG-Systeme ein großer Anteil unternehmerischer Unsicherheit in die Krankenhäuser verlagert wird. Die Einhaltung des Budgets hängt ganz entscheidend von der Steuerung der Fallzahlen bzw. des *Case-Mix*, also der gewichteten Fallzahlen ab. Dies lässt vermuten, dass zukünftig an das Krankenhausmanagement große Anforderungen hinsichtlich planerischer Aufgaben sowie hinsichtlich der Steuerung und Kontrolle von Fallzahlen gestellt werden. Das Beispiel zeigt weiter, welche besondere Bedeutung ein DRG-System für den innerbetrieblichen Leistungsvergleich wie auch für Betriebsvergleiche zwischen verschiedenen Krankenhäusern hat. Denn über den *Case-Mix* und *Case-Mix-Index* ist man nunmehr in der Lage, gewichtete Fallkosten zu ermitteln, die einen Vergleich erlauben und eine hohe Aussagekraft über die Kostenstruktur von Abteilungen und Krankenhäusern haben. Es lassen sich sehr zielgenau „wirtschaftliche" und „unwirtschaftliche" Betriebseinheiten identifizieren. Aus der betriebswirtschaftlichen Perspektive ist hervorzuheben, dass DRGs dem Krankenhaus bei der internen Steuerung neue Möglichkeiten bieten. Eine „faire" interne Budgetierung auf Basis medizinischer Leistungen (*CMI*) unter Berücksichtigung von Kostenaspekten ist möglich. Im Rahmen eines Management-Controlling Systems wird der optimale Leistungsmix aus rentablen und weniger rentablen Fällen ermittelt. Um diesen Zielmix und die damit verbundenen Erlöse zu erreichen, müssen Krankenhäuser in Zukunft ein aktives Leistungscontrolling-System vorhalten. Hingegen wird die Wirtschaftlichkeit des Hauses im Kosten- und Erlöscontrolling-System überprüft. Die Planung eines Deckungsbeitrag-optimalen Leistungsmixes bei minimalen Kosten steht hier im Vordergrund. Dies erfordert ein steuerungsorientiertes Kostenmodell, mit klar definierten Ablaufprozessen und transparenten Verantwortlichkeiten.

4 Risikodimensionen in der Krankenhausfinanzierung

In der Realität trifft man auf Vergütungssysteme, die Finanzierungselemente mit *prospektivem* (z.B. Fallpauschalen) und *retrospektivem* Charakter (z.B. Kostengarantien durch den Financier) verbinden. Je nach Grad der Prospektivität/Retrospektivität der Vergütungssystematik hat dies Implikationen auf die Risikoverteilung zwischen Patient, Krankenhaus und Financier. Die ökonomische Untersuchung dieser Implikationen wird in der Literatur meist im Rahmen der Principal/Agent – Theorie vollzogen.

Um sich dem Begriff des „Risikos" in der Krankenhausfinanzierung zu nähern, wird in der ökonomischen Analyse die Strategie eingeschlagen, zunächst „Risiko" auf der Systemebene durch eine Modellierung und gängige Konzepte der Ökonomik näher zu bestimmen. In den Abschnitten 6 und 7 folgt sodann eine stärkere Detaillierung der Analyse und Fokussierung des Begriff „Risikos" unter Verwendung finanzwirtschaftlicher Methoden.

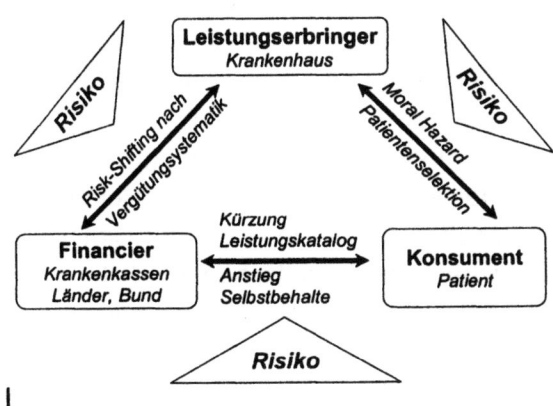

Abbildung 5: Risikodimensionen in der Krankenhausfinanzierung

Im nachfolgenden Modell wird von verschiedenen Risikobegriffen ausgegangen, die sich nicht nur auf finanzielle Risiken beschränken. Die folgende Abbildung 5 veranschaulicht einige ausgewählte Risikodimensionen. Die Fähigkeit der Akteure Risiko zu übernehmen, ist unterschiedlich ausgeprägt. Im Falle des Financiers und des Krankenhauses ist dies im Wesentlichen eine Funktion der finanziellen Ressourcen. Beim Konsumenten kommt jedoch zum finanziellen Risiko auch das Risiko einer suboptimalen medizinischen Behandlung hinzu.

4.1 Risiko in der Financier-Konsumenten Beziehung

In seiner Eigenschaft als Mitglied des Versichertenkollektivs trifft den Konsumenten das kurzfristige Risiko erhöhter Selbstbehalte und das langfristige Risiko einer Beitragserhöhung. Denkbar sind darüber hinaus politische Situationen, in denen Beitragserhöhungen oder Erhöhungen der Selbstbehalte in der öffentlich-rechtlichen Krankenversicherung nicht durchsetzbar sind. Dies kann bei einer finanziellen Schieflage des Systems nur durch die Kürzung des Leistungskatalogs – also der vom Financier versicherten und damit gegenüber dem Konsumenten garantierten Leistungen – oder durch Kosteneinsparungsmaßnahmen seitens der Leistungserbringer kompensiert werden. Es schlägt sich als Risiko einer schlechteren medizinischen Versorgung letztlich beim Patienten nieder. Inwieweit dieses Risiko vom Konsumenten in seiner Eigenschaft als Patient getragen werden kann, hängt von der individuellen Erkrankung ab und von seiner Fähigkeit sich Alternativen zum bestehenden Behandlungsangebot zu erschließen. In der Literatur werden in dieser Dimension vor allem die klassischen versicherungstheoretischen Modelle diskutiert, wie z.B. der Mechanismus der Adversen Selektion im Krankenversicherungsmarkt[18]

---

[18] Cutler, D., Zeckhauser R.: Adverse Selection in Health Insurance, NBER Working Paper Nr. 6107, 1997.

4.2 Moral Hazard und Risikoselektion

Der Patient sieht sich in bestimmten Konstellationen des Finanzierungssystems einem erhöhten oder geringerem Risiko des Moral-Hazards in der medizinischen Behandlung durch das Krankenhaus konfrontiert. Eine allgemeine Definition von „Moral-Hazard" geben Spremann/Gantenbein[19]:

> „Moral Hazard, eine Situation in der eine besondere Art von Verhaltensunsicherheit besteht. Eine Person ist Moral Hazard ausgesetzt, wenn ein Vertragspartner auch im Nachhinein nicht feststellen kann, ob die Person Fleiß, Anstrengung, Sorgfalt hat walten lassen."

Moral-Hazard bezieht sich in dieser Arbeit auf die individuelle(n) Entscheidung(en) des behandelnden Arztes, eine kostenintensive aber erfolgversprechendere Behandlungsstrategie dem Patienten aus finanziellen Gründen vorzuenthalten[20]. Aufgrund der Informationsasymmetrie zwischen Arzt und Patient, ist der Patient nicht oder nur eingeschränkt in der Lage *während* und *nach* der Behandlung die Güte der medizinischen Versorgung detailliert zu beurteilen. Es wäre z.B. ein Fall von Moral-Hazard einem Schädel-Basis-Bruch Patienten nicht die Behandlung zuteil werden zu lassen, die medizinisch am sinnvollsten wäre (z.B. eine Computertomographie), sondern anders vorzugehen, sofern es medizinisch möglich erscheint. Dies ist sicherlich für europäische Krankenhausverhältnisse ein überspitztes Beispiel, jedoch zur Verdeutlichung des Begriffs „Moral-Hazard" im Arzt-Patient Verhältnis anschaulich und als Phänomen bei weniger lebensbedrohlichen Krankheiten durchaus anzutreffen und in der Lite-

---

[19] Spremann, K., Gantenbein, P.: Kapitalmärkte. Stuttgart 2005, S. 236.
[20] Es wird davon ausgegangen, dass die medizinische Fallschwere mit der ökonomischen Fallschwere positiv korreliert ist. Dies bedeutet, je schwerer der Behandlungsfall aus medizinischer Sicht ist, desto höher ist tendenziell der ökonomische Ressourcenverbrauch im Krankenhaus und ergo desto höher sind die verursachten Kosten. Dies ist kohärent mit der Schweregrad-Unterteilung von Nebendiagnosen in DRG-Systemen.

ratur unter dem Stichwort „supply-side moral hazard" diskutiert[21]. Moral Hazard läßt sich als das Risiko des Patienten interpretieren, *nicht nach den Erfordernissen seiner Erkrankung behandelt zu werden.* Wird er nicht so behandelt, wie es eigentlich sein sollte (bzw. möglich wäre), trägt er das Risiko einer schlechteren Aussicht auf Gesundung. In Abhängigkeit des Honorierungssystems könnte Moral Hazard sowohl Unter- als auch Überversorgung bedeuten (creaming bzw. skimming).

Ferner besteht für den Patienten das Risiko gar nicht behandelt zu werden, sofern seine Erkrankung einer Hochrisikogruppe zuzurechnen ist. Bestimmten Patientengruppen wird kein Behandlungsvertrag angeboten bzw. das Angebot einer Behandlung erfolgt nur zu abschreckenden Konditionen. Dies sei unter dem Begriff der *Patienten- bzw. Risikoselektion* subsumiert. Newhouse[22] definiert diesen Selektionsmechanismus als „ [...] Handlungen ökonomischer Agents auf beiden Marktseiten, mit dem Ziel nicht in den Marktpreisen widergespiegelte Risiken und Pooling Arrangements auszunutzen, was darin resultiert, dass die Konsumenten nicht die Versicherungsleistung erhalten, die sie gerne hätten." Risikoselektion führt zu Ineffizienzen und Ungleichheit, weil sie versicherungstechnische Solidargemeinschaften gefährdet und Versicherungsprämien für große Risiken unverhältnismäßig in die Höhe treibt. Der „Provider-Insurer" hat ein finanzielles Interesse daran, Hochrisiko-Patienten abzuschrecken und Patienten mit einem niedrigen Risiko zu versichern / zu behandeln[23]. Da die offene Ablehnung eines Patienten seitens der Versicherung

---

[21] vgl. z.B. Ellis, R: Creaming, skimming and dumping: provider competition on the intensive and extensive margins. In: Journal of Health Economics, 17. Jg. 1998, Heft 5, S. 511-644.
[22] Newhouse, J.: Reimbursing Health Plans and Health Providers: Selection versus Efficiency in Production. In: Journal of Economic Literature, 1996, 34 Jg., S. 1236-1263
[23] In der U.S.-amerikanischen Literatur ist die Trennung zwischen Leistungserbringer und Financier, als selektierende Institutionen, nicht gegeben. Vielmehr wird vom „Provider-Insurer" gesprochen, da oftmals die Versicherung bei einem „health plan" an die Behandlung in nur einem bestimmten Krankenhaus geknüpft ist.

oder des Krankenhauses meist nicht möglich ist, kann Risikoselektion in unterschiedlichsten Formen beobachtet werden. Zu den in der Literatur dokumentierten Formen zählen unter anderem[24]:

- Selektives Marketing

- Verzerrungen in der Qualität der Behandlungsleistung

- Konzentration der medizinischen Versorgung in lukrativen Regionen

- sowie bewusste Infrastruktur- und Personalentscheidungen

Dass Risikoselektion ein echtes Problem auch im Rahmen der gesetzlichen Krankenversicherung darstellt, wurde in den U.S.A. bei den staatlichen Medicare und Medicaid – Programmen deutlich. Hill und Brown[25] untersuchten die Wahlhandlungen von Medicare-Versicherten – der U.S. Krankenversicherung für Pensionisten ab 65 Jahren – denen der Staat die Option einräumte, sich bei einer Health Maintenance Organisation (HMO) unter Vertrag nehmen zu lassen oder in der traditionellen fee-for-service Medicare-Versicherung zu verbleiben. Obwohl der Staat den Leistungserbringern (HMOs) eine geringere Prämie für Medicare-Versicherte als bei einer durchschnittlichen fee-for-service Behandlung gewährte, gelang es den HMOs unter den Medicare-Versicherten eine relativ gesündere Population unter Vertrag zu nehmen. Dies führte dazu, dass im traditionellen fee-for-service Medicare Bereich Hochrisiko-Patienten verblieben, die zusätzliche Zahlungen des Staates iHv. $ 2 Milliarden in 1996/1997 erforderlich machten[26].

---

[24] Norton, E., Staiger, D.: How Hospital Ownership Affects Access to Care for the Unisured. In: RAND Journal of Economics, 1994, 25. Jg., S.171-185.
[25] Hill, J., Brown, R.: Biased Selection in the TEFRA HMO/CMP Program, Princeton 1990, Mathematica Policy Research, Inc.
[26] Physician Payment Review Commission: Annual Report to Congress, Chapter 15, "Risk Selection and Risk Adjustment in Medicare", 1996, S. 255-279. und Physician

Ein weiteres Beispiel ist die Risikoselektion im Medicaid-Bereich – der U.S. Krankenversicherung für Bedürftige. Conviser et al.[27] führen den Bundesstaat Oregon als Beispiel an, dessen HMO´s vergleichsweise wenige HIV / AIDS Patienten unter Vertrag haben. Allerdings existiert eine Ausreisser-HMO, deren HIV / AIDS – Patientengut vier Mal so gross ist, wie der Durchschnitt im Bundesstaat. Das ist hochproblematisch für Krankenhäuser, die auf pauschalierter Basis entlohnt werden und in deren Vergütung nicht die wahren Behandlungskosten widergespiegelt werden. Sie müssen sich durch Risikoselek-tion vor dem Bankrott schützen und gefährden dadurch die medizinische Versorgung der bedürftigsten Patienten.

Das Phänomen der Risikoselektion ist in Europa insbesondere bei privaten Krankenversicherungen zu beobachten, kann aber auch durch Änderungen der Vergütungssystematik im staatlichen Krankenhaussektor relevant werden. Risikoselektion wird im Modellentwurf in Abschnitt 6 untersucht.

4.3 Risk Shifting

Im Verhältnis *Leistungserbringer-Financier* ergibt sich eine finanzielle Risikodimension durch den Grad der *Retrospektivität* oder *Prospektivität* der Vergütungssystematik. Hierbei und in der folgenden ökonomischen Analyse wird vereinfachend angenommen, dass die Zielfunktion des Financiers nur finanzielle Ziele beinhaltet. Von versorgungspolitischen Aufträgen des Financiers wird abstrahiert.

Bei einer *rein retrospektiven* Vergütungsform trägt der Financier das finanzielle Risiko komplett, da er am Ende der Berichtsperiode die Salden des Krankenhauses ausgleicht. Hingegen unterscheidet sich ein *rein prospektives System* dadurch, dass *am Anfang der Berichts-*

Payment Review Commission: Annual Report to Congress, Chapter 4, "Implementing Risk Adjustment in the Medicare Program", 1997, S. 77-102.
[27] Conviser, R., Gamliel, S., Honberg, L.: Health-based payment for HIV in Medicaid managed care programs. In: Health Care Financing Review, 1998, 19. Jg., S. 63-82.

periode die Höhe der Kostenvergütung festgelegt und am Ende der Periode nicht mehr nachverhandelt wird. Das Krankenhaus muss mit den bereitgestellten Mitteln den Leistungserstellungsprozess bestreiten. Eventuelle Verluste am Ende der Berichtsperiode werden durch den Financier nicht mehr ausgeglichen, eventuelle Gewinne kann das Krankenhaus einbehalten. Das Krankenhaus trägt also das finanzielle Risiko. DRG-Systeme sind prospektive Vergütungssysteme.

Weitere Formen des Risk-Shifting zwischen Leistungserbringer und Financier ergeben sich aus dem Honorierungs-/Überweisungs- bzw. Haftungssystem in der „Produktionskette" des Gesundheitswesens (Allgemeinarzt-Spezialist-Krankenhaus-Reha/Nachsorge). Je nachdem wie hier die Regelungen sind, kann es in bestimmten Fällen einfacher oder schwieriger sein, Risiko vom Krankenhaus weg oder hinzu zu verlagern. Darüber hinaus könnte durch die entsprechende Ausgestaltung von Lieferantenverträgen monetäres Risiko auf z.B. die pharmazeutische Industrie verlagert werden. Allerdings hängt dies stark von der Verhandlungsmacht des individuellen oder durch einen Verband vertretenen Krankenhauses gegenüber den Lieferanten ab.

Als eine vieldiskutierte Form des Risk-Shifting zwischen Financier und Leistungserbringer kann das Phänomen der *angebotsinduzierten Nachfrage* interpretiert werden[28]. Grundlage des Phänomens ist die Tatsache, dass nachfragerelevante Informationen zwischen Patienten und Ärzten asymmetrisch verteilt sind: Patienten sind über das Vorliegen und das Ausmaß einer Erkrankung sowie die Therapienotwendigkeit bzw. die alternativen Therapiemöglichkeiten systematisch schlechter informiert als Ärzte, die zugleich Anbieter der Diagnose- und Therapieleistungen sind. Außerdem werden Gesundheitsleistungen oft unvorhergesehen und lediglich bei chronischen Erkrankungen

---

[28] Labelle, R., Stoddart, G., Rice, T.: A Re-Examination of the Meaning and Importance of Supplier-Induced Demand. In: Journal of Health Economics, 1994, 13. Jg.,S. 347-368.

permanent über einen längeren Zeitraum nachgefragt.[29] Krankheiten, die bei einer Person wiederkehrend oder fortwährend auftreten sind schlechter zur Nachfragebeeinflussung geeignet, als individuell relativ selten auftretende Krankheiten. In der folgenden Diskussion wird die angebotsinduzierte Nachfrage unter dem Stichwort „Volumen Effekt" bzw. „Fallzahlausdehnung" besprochen.

Das durch die Vergütungssystematik bedingte Risk-Shifting zwischen Financier und Krankenhaus im Hodgkin-McGuire Modell und im Modell zum Krankenhausverhalten bei Unsicherheit wird in Abschnitt 6 analysiert.

---

[29] Lauterbach, K., Lindlar, L.: Informationstechnologien im Gesundheitswesen. Telemedizin in Deutschland. Bonn 1999, Friedrich-Ebert-Stiftung.

5 Das Hodgkin-McGuire Modell

Hodgkin und McGuire publizierten 1994 im Journal of Health Economics eine Studie[30], in der Veränderungen im U.S. Krankenhauswesen zehn Jahre nach der Einführung der DRG-basierten, prospektiven Vergütungsform im Medicare-Bereich analysiert werden. Hierzu wird die Reaktion *eines* Krankenhauses auf Veränderungen im Vergütungssystem modelliert. Das Modell eignet sich gut für die Analyse von Risikodimensionen im Krankenhauswesen und wird deshalb dargestellt und in diesem Lichte interpretiert. Die eigene Modellierung in Abschnitt 6 greift die Grundstrukturen des Hodgkin-McGuire Modells auf.

5.1 Modellannahmen

Die drei zentralen Annahmen des Modells sind, dass erstens ein Krankenhaus – bzw. die Ärzteschaft eines Krankenhauses – die Behandlungsintensität (I) seiner Patienten frei wählen kann. Zweitens erhöht eine hohe Behandlungsintensität die Nachfrage nach Behandlung im betreffenden Krankenhaus. Drittens, das Krankenhaus maximiert eine Nutzenfunktion (U) aus Behandlungsintensität (I) und Gewinn (π).

Unter „Behandlungsintensität" wird die Anzahl und Komplexität von Behandlungs- und Pflegeressourcen verstanden, die im Krankenhaus verbraucht werden, um eine „imaginäre" Einheit Behandlungs- bzw. Pflegedienstleistung zu erbringen. Im Modell präferiert das Krankenhaus die Behandlungsintensität, weil sie dem Patienten einen direkten Nutzen stiftet. Des weiteren impliziert eine hohe Behandlungsintensität ein hohes technisches und medizinisches Niveau und trägt somit zum Prestige des Hauses in der Außenwahrnehmung bei. Die *einzige* vom Krankenhaus gefällte Entscheidung betrifft das Niveau

---

[30] Hodgkin, D., McGuire, T.: Payment levels and hospital response to prospective payment. In: Journal of Health Economics, 13. Jg. 1994, Heft 1, S. 1-29.

der Behandlungsintensität, ohne dass zwischen verschiedenen Behandlungsarten unterschieden wird (z.B. kapitalintensive oder zeitintensive Behandlungen). Die Variable „Behandlungsintensität" umfasst die pro Fall erbrachten Leistungen, das technische und medizinische Niveau der Leistungen und die Verweildauer des Patienten im Krankenhaus.

Aus der zweiten Annahme folgt, dass aufgrund einer steigenden Behandlungsintensität die Nachfrage nach Leistungen des Krankenhauses und somit die Zahl der behandelten Fälle – das Fallvolumen (X) – des Krankenhauses steigt. Mathematisch stellt sich der Zusammenhang in einer positiven ersten Ableitung der Funktion für die Fallzahl $X(I)$ nach I dar:

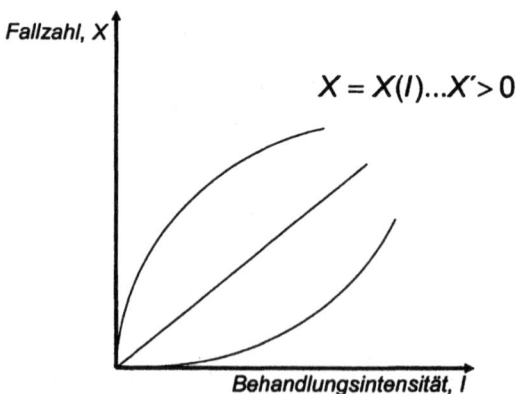

Abbildung 6: Fallzahl in Abhängigkeit der Behandlungsintensität

Auch wird ein positiver Zusammenhang zwischen der Behandlungsintensität und den im Krankenhaus entstehenden Kosten unterstellt. Von kostenseitigen Skalenerträgen wird abstrahiert. Die durchschnittlichen Kosten pro Fall werden als konstant und somit unabhängig vom Gesamtvolumen der Fälle (X) angenommen und variieren ausschließlich mit der Behandlungsintensität. Dieser Zusammenhang führt zu einer positiven ersten Ableitung der Kostenfunktion des Krankenhauses $c(l)$ nach l. In Abbildung 7 wird nur die lineare Form einer Kostenfunktion veranschaulicht, da diese konstante Skalenerträge impliziert. Annahmen über konkave oder konvexe Kostenfunk-tionen und somit steigende oder fallende Skalenerträge sind im Krankenhausbereich strittig; für beide Effekte lassen sich Argumente finden[31].

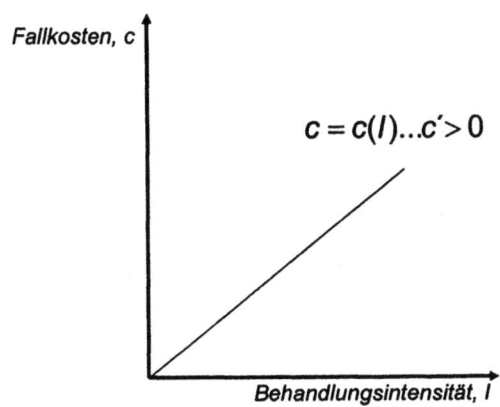

Abbildung 7: Fallkosten in Abhängigkeit der Behandlungsintensität

Insbesondere die Annahme steigender Skalenerträge steht jedoch in vielen Behandlungsbereichen auf wackeligen Argumenten, da Krankenhäuser aufgrund der hohen Spezialisierung der medizinischen Leistungen und Heterogenität des Outputs nur sehr begrenzt Grössenkostenersparnisse erzielen können, so wie dies in Industriebetrieben bei der Massenfertigung möglich ist. Theoretisch hängt das Auftreten von Skalenerträgen von der Spezifizierung der Produktionsfunktion ab, auf die hier nicht näher eingegangen wird. Empirische Schätzungen von Krankenhaus-Kostenfunktionen liefern jedoch Anhaltspunkte für konstante Skalenerträge und untermauern die Annahme, dass im Krankenhaussektor keine signifikanten Größenkos-

---

[31] vgl. hierzu Stolpe, M.: Die Erstellung medizinischer Leistungen – entscheidungstheoretische Grundlagen und gesundheitspolitischer Handlungsbedarf. In: Kieler Arbeitspapier, 2004, Nr. 1222, S. 119-123.

tenersparnisse möglich sind[32]. In der weiteren Darstellung wird deshalb von linearen Kostenfunktionen ausgegangen.

Die Nutzenfunktion des Krankenhauses $U(\pi,I)$ ergibt sich als zu maximierende Zielfunktion der Behandlungsintensität und des Gewinns, wobei das Krankenhaus nur über das Niveau der Behandlungsintensität direkt entscheiden kann und π letztlich durch die Vergütungssystematik determiniert wird. Die Ärzteschaft hat keine direkte Rolle im Modell, obwohl eine mögliche Interpretation lautet, dass die Nutzenfunktion auch diejenige des Arztes sein könnte, der das Gewinnstreben des Krankenhauses mit dem Interesse des Patienten an Behandlungsintensität balanciert.

Der Gewinn ergibt sich als Differenz zwischen den Erlösen (*R*) und den Gesamtkosten (*TC*) plus eventueller Geldspenden an das Krankenhaus (*Y*). Die Erlöse (*R*) sind das Produkt aus der Vergütung (*p*) pro Fall und der Anzahl der (homogenen) Fälle (*X*), die Gesamtkosten (*TC*) das Produkt der Kosten pro Fall (*c*) und der Fallzahl (*X*). Interessant und zentral für die spätere Analyse ist die Modellierung der Vergütung (*p*), die als Summe aus einem Pauschalbetrag pro Fall (α) und dem Anteil der durch den Financier erstatteten Behandlungskosten (β) dargestellt wird. Durch diese Darstellung ($p=\alpha+\beta c$) kann die gesamte Menge der möglichen Vergütungssystmatiken in ihren Abstufungen zwischen *Prospektivität* und *Retrospektivität* abgebildet werden. Ein *rein prospektives System* ergibt sich aus $\alpha > 0$ und $\beta = 0$, also $p=\alpha$. Die Vergütung des Financiers entspricht einer Pauschale (z.B. einer DRG-Fallpauschale), unabhängig von den real entstandenen Kosten. Ein *rein retrospektives* System ergibt sich aus $\alpha = 0$ und $\beta = 1$, also $p=c$; die Vergütung des Financiers entspricht den im Krankenhaus verursachten Kosten, die erst *nach* deren Entstehung, also am Ende der Rechnungsperiode *retrospektiv* erstattet werden kön-

---

[32] Breyer, F., Zweifel, P., Kifman M.: Gesundheitsökonomie, 5. Aufl., Berlin 2002, S. 339.

nen. Die Variable β ist somit der *Prozentsatz* der *retrospektiven* Kostenerstattung, die Variable α die *prospektiv fixierte* und *im Behandlungsfall gewährte* €-Pauschale. Für ein realitätsnahes *gemischtes System*, das prospektive wie auch retrospektive Elemente beinhaltet, resultiert $\alpha > 0$ und $\beta > 0$, also der ursprünglich dargestellte Zusammenhang aus einer Pauschalvergütung und einer anteiligen Kostenübernahme ($p=\alpha+\beta c$), wobei aus dem Originalaufsatz implizit folgt, dass β zwischen 0 und 1 ($0 \leq \beta \leq 1$) dimensioniert ist.

Der Katalog der Notationen lautet wie folgt:

(4) $\quad U = U(\pi, I) \quad$ ... Nutzenfunktion des Krankenhauses

(5) $\quad \pi = R - TC + Y \quad$ ... Gewinngleichung

(6) $\quad R = pX \quad$ ... Erlösgleichung

(7) $\quad p = \alpha + \beta c \quad$ ... Vergütungsformel

(8) $\quad TC = cX \quad$ ... Kostengleichung

(9) $\quad c = c(I) ... c' > 0 \quad$ ... Kostenfunktion

(10) $\quad X = X(I) ... X' > 0 ...$ Funktion des Fallvolumens

wobei:

U	...	Nutzenfunktion des Krankenhauses
π	...	Gewinn des Krankenhauses
I	...	Behandlungsintensität
R	...	Ertrag
TC	...	Gesamtkosten
Y	...	betriebsfremder Ertrag
p	...	Vergütung pro Behandlungsfall in €
α	...	Pauschale in €
β	...	Prozentsatz der Kostenübernahme

c ... eingetretene Kosten des Behandlungsfalles
X ... Anzahl der Behandlungsfälle

Es handelt sich um ein Modell, in dem *ein* Krankenhaus, *ein* Financier und *eine* Fallgruppe angenommen wird. Ferner werden keine technischen Ineffizienzen im Modell abgebildet und die Vergütung im Krankenhaus wird als ausreichend angenommen, um das Haus in Betrieb zu halten.

5.2 Gewinn- und Kostenkalkül des Krankenhauses

Für die Analyse wird ein gewinnmaximierendes Krankenhaus angenommen, dessen Instrumentvariable die Behandlungsintensität (*I*) ist. Der Gewinn des Krankenhauses kann durch Substitution der Gleichungen (6), (7) und (8) in (5) wie folgt geschrieben werden:

(11) $$\pi = [\alpha + \beta c(I)]X(I) - X(I)c(I) + Y$$

Die erste Ableitung des Gewinns (π) nach der Behandlungsintensität (*I*) liefert den folgenden Ausdruck[33]:

(12) $$\pi_I = X'(p-c) - Xc'(1-\beta)$$

Aus Gleichung (12) werden zwei Tatsachen sichtbar. Erstens, das Gewinnkalkül steht in Abhängigkeit der vom Krankenhaus erzielbaren Gewinnmarge (*p - c*) eines Falles, wobei die Vergütungshöhe (*p*) nicht direkt vom Krankenhaus beeinflusst werden kann und somit exogen vorgegeben ist. Direkt während der Erbringung der medizinischen Leistung, sind nur die Kosten pro Behandlungsfall (*c*) beeinflussbar, da sie eine Funktion der Behandlungsintensität (*I*) sind[34]. Zweitens, je geringer der Prozentsatz der Kostenübernahme β durch

---

[33] Für die mathematischen Herleitungen vgl. Abschnitt 9.
[34] Die Fallzahl (*X*) ist zwar in diesem Modell auch eine Funktion der Behandlungsintensität (*I*), jedoch basiert *X(I)* auf dem Gedanken einer Reaktionsfunktion der Nachfrage.

den Financier ist, d.h. je höher der Grad der Prospektivität im Vergütungssystem ist, desto geringer ist jede zusätzliche Einheit marginalen Gewinns des Krankenhauses. Für das Krankenhaus entsteht erst dann die Möglichkeit einen Gewinn zu erwirtschaften, wenn das Vergütungssystem *prospektiv* gestaltet ist, also unter der notwendigen Bedingung, dass β *echt kleiner* als eins ist ($0 \leq \beta < 1$). Im *rein retrospektiven* Fall ($\alpha = 0$ also $p - c = 0$, $\beta = 1$) resultiert, dass die Vergütung genau den entstandenen Kosten entspricht ($p=c$). Dies führt in Betracht der Gleichung (12) zu einem marginalen Gewinn von $\pi_l = 0$.

Verfolgt man in der Interpretation der *retrospektiven Vergütungssystematik*, die Tatsache, dass π_l gleich Null ist weiter, so ergibt sich die Möglichkeit der Gleichsetzung der beiden Terme:

(12b) $$X'(p-c) = Xc'(1-\beta)$$

Links vom Gleichheitszeichen steht der Geldwert der Mengenabweichung, also die Gewinnmarge ($p - c$) mit der sich der Grenzfall (X') rentiert. Rechts vom Gleichheitszeichen steht die Auswirkung der Fallzahlausdehnung (X) auf die Kostenentwicklung im Krankenhaus. In einer *voll retrospektiven* Vergütungssystematik werden am Ende der Berichtsperiode die Kontosalden des Krankenhauses durch den Financier zu 100% ($\beta = 1$) ausgeglichen, wodurch der rechte Term den Wert Null annimmt. Dies bedeutet, dass eine Fallzahlausdehnung keine Kostenkonsequenzen für das Krankenhaus hat, weil es die Kosten nicht zu tragen hat. Es ist unwahrscheinlich, dass zusätzlich zu einer 100%igen *retrospektiven Kostenerstattungsgarantie* eine *prospektive* Pauschale (α) pro Patientenfall durch den Financier gewährt wird. Wahrscheinlicher ist, dass die Gesamtvergütung (p) der 100%igen *retrospektiven* Kostenerstattung entspricht (also $p=c$) und darüber hinaus keine Pauschalen mehr gewährt werden (also $\alpha=0$).

Die Fallzahl (X) paßt sich zeitlich versetzt an das vom Krankenhaus zuerst gesetzte Niveau der Behandlungsintensität an.

Somit würde auch der linke Term den Wert Null annehmen, d.h. eine Ausdehnung der Behandlungsintensität bzw. der Fallzahl ist unabhängig vom Gewinnkalkül des Krankenhauses, da bei $p=c$ keine Gewinnmarge existiert, also $p - c = 0$ gilt.

Unter der Annahme eines in der Dimension der Fallzahl (X) abnehmenden Grenzertrages der Behandlungsintensität (I), wird in einem *rein retrospektiven* Vergütungssystem die Ausdehnung der Behandlungsintensität so lange erfolgen, bis keine zusätzlichen Fallzahlen mehr lukriert werden können. Das Krankenhaus wird die Behandlungsintensität bis zum Punkt I^* ausdehnen und X^*-Fälle behandeln, weil es keine Kostenkonsequenzen zu tragen hat.

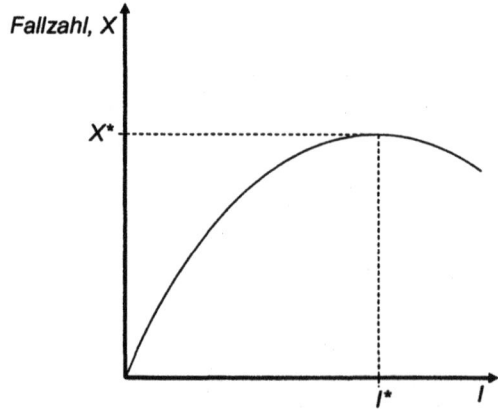

Abbildung 6b: Behandlungsintensitätsausweitung im retrospektiven Vergütungssystem

Das heißt im Ergebnis, dass nur ein gemischtes Finanzierungssystem mit $\alpha > 0$ und $0 \leq \beta < 1$ einen Anreiz im Krankenhaus setzt, Kosten einzusparen, da die Kosten pro Behandlungsfall (c) vom Krankenhaus durch geeignete Wahl der Behandlungsintensität noch im Augenblick der Behandlung gewinnrelevant gesteuert werden können. Insofern impliziert ein höherer Grad an Prospektivität ein niedrigeres finanzielles Verlustrisiko für den Financier und ein höheres finanzielles Verlustrisiko für das Krankenhaus, bei Betrachtung des Einzelfalles. In einem rein retrospektiven Vergütungssystem wird das Krankenhaus die Behandlungsintensität so weit ausdehnen, bis der Grenzertrag einer zusätzlichen Einheit Behandlungsintensität gemessen in zusätzlichen Fallzahlen gleich Null ist ($\partial X/\partial I = 0$).

5.3 Nutzenmaximierung unter der Gewinnbedingung

Auf Basis der Modellannahmen kann das gesamte Maximierungsproblem des Krankenhauses wie folgt formuliert werden:

(13) $$\max_{I} U(\pi, I)$$

unter der Bedingung[35]

$$\pi = [\alpha + \beta c(I)]X(I) - X(I)c(I) + Y$$

Einsetzen, Differenzieren nach I und Nullsetzen liefert die Optimalitätsbedingung erster Ordnung (*first order condition*) FOC:

(14a) FOC[36]: $\underbrace{X'(p-c)}_{\text{Volumen Effekt}} - \underbrace{Xc'(1-\beta)}_{\text{Moral Hazard Effekt}} + \underbrace{\frac{U_I}{U_\pi}}_{\text{Nutzen Effekt}} = 0$

Die Gleichung (14a) ist eine modifizierte Grenzerlös/Grenzkosten Bedingung, in der die Terme so gruppiert wurden, dass drei Effekte eines Vergütungssystems auf die Entscheidung des Krankenhauses

---

[35] Es handelt sich bei (13) formal um ein sog. unbeschränktes Maximierungsproblem in der Variablen I. Durch die Substitution der Gleichung (11) in die Nutzenfunktion wird gewährleistet, dass die Gewinnbedingung (π) für jeden Wert von I erfüllt ist. Gesucht wird die π/I-Kombination, die erstens die Gleichung (11) erfüllt und für die, zweitens, der Wert von $U(I,\pi)$ größer ist, als für alle anderen π/I-Kombinationen, die die Gleichung (11) erfüllen.

[36] Im Originalaufsatz hat sich bei der Ableitung ein Vorzeichenfehler beim zweiten Summanden eingeschlichen. Anstatt der oben korrekten FOC, wurde sie fälschlicherweise

bezüglich der zu wählenden Behandlungsintensität sichtbar werden: der Volumen Effekt, der Moral Hazard Effekt und der Nutzen Effekt.

Betrachtet man Gleichung (14a) in ihrer *nicht* modifizierten Form, so kann diese auch wie folgt geschrieben werden:

(14b) $\underbrace{X'(p-c)}_{\text{Fallzahl Geldwert}} + \underbrace{\frac{U_I}{U_\pi}}_{\text{Nutzen Effekt}} = \underbrace{Xc'(1-\beta)}_{\text{Behandlung sintensitäts-beschränkung}}$

Der linke Term bringt wieder die Rentabilität des Grenzfalles (X') zum Ausdruck, sofern ein gemischtes Vergütungssystem mit $p - c \neq 0$ und $0 \leq \beta < 1$ betrachtet wird. Es wird deutlich, dass nicht nur der Geldwert der Fallzahlausdehnung $X'(p - c)$ sondern auch der Nutzeneffekt im Kalkül des Krankenhauses eine Rolle spielt. Ist der Nutzeneffekt gleich Null und somit $U_I = 0$, so ist das Krankenhaus nur an der Profitmaximierung durch die Ausdehnung der Behandlungsintensität interessiert. Dies erfährt insofern eine Beschränkung, als dass die Kosten der Behandlungsintensitäts– und Fallzahlausdehnung zum Prozentsatz 1-β vom Krankenhaus getragen werden müssen. Dies kommt im rechten Term zum Ausdruck. Ein Gleichgewicht pendelt sich dort ein, wo der Nutzenvorteil des Krankenhauses aus der Behandlungsintensitäts– bzw. Fallzahlausdehnung gleich dem Nutzennachteil aus der Kostenübernahme entspricht.

In der weiteren Analyse wird auf die Interpretation der Gleichung (14a) und der darin sichtbaren Effekte zurückgegriffen.

5.3.1 Volumen Effekt

Der Volumen Effekt ist das Bestreben des Krankenhauses, die Behandlungsintensität zu erhöhen oder zu senken, um die Fallzahl in

---

als $X'(p-c) + Xc'(1-\beta) + \frac{U_I}{U_\pi} = 0$ angegeben. Es wird bei der Interpretation der Ergebnisse von der korrekten FOC ausgegangen.

einer Fallgruppe auszudehnen oder zu senken. Der Volumen Effekt kann positiv oder negativ sein. Da gilt, dass die Fallzahl mit der Behandlungsintensität steigt ($X'>0$), wird der Volumen Effekt positiv sein, wenn die Vergütung (p) die Kosten (c) übersteigt, und negativ wenn die Vergütung geringer ist als die Kosten.

Ein wichtiges Zwischenergebnis ist, dass der Volumen Effekt nicht vom Grad der Retrospektivität/Prospektivität in einem Vergütungssystem abhängt, sondern nur von der generellen Gewinnmarge des Krankenhauses zwischen Vergütung und Kosten (p-c) in einem gemischten Vergütungssystem[37]. *Je höher die Gewinnmarge des Krankenhauses ist, desto höher ist der Anreiz einer Mengenausweitung der medizinischen Leistungen (erhöhter Volumen Effekt). In einem rein retrospektiven Vergütungssystem gibt es keinen Volumen Effekt.*

Lockert man die vereinfachende Annahme nur einer betrachteten Fallgruppe und lässt mehrere Fallgruppen zu, so folgt daraus, dass im Krankenhaus ein Anreiz besteht, die Behandlungsintensität in profitablen Fallgruppen zu erhöhen und in nicht-profitablen Fallgruppen zu senken. Wird dieselbe €-Fallpauschale für eine Fallgruppe (DRG) gewährt, so ergibt sich für das Krankenhaus auch ein Anreiz innerhalb einer DRG, die Behandlungsintensität für Niedrigkosten Patienten zu erhöhen und für Hochkosten Patienten zu senken.

Für die in dieser Arbeit vertretene Interpretation des Modells ist die Frage entscheidend, für welchen Akteur der Volumen Effekt ein Risiko darstellt. In der Behandlungsdimension könnte der Volumen Effekt ein Risiko für die Patienten, die hohe Kosten verursachen, darstellen, weil an ihnen gespart werden würde.

---

[37] Aus der Untersuchung der hier nicht dargestellten Second-Order Condition und der komparativ-statischen Analyse resultiert, dass die marginale Änderung der Behandlungsintensität I in einem positiven Zusammenhang mit der marginalen Änderung von α und β steht, was letztlich auf einen stets positiven Volumen Effekt bei Erhöhung von α und/oder β hinausläuft. Vgl. Hodgkin/McGuire 1994, S. 26.

Der Financier hat durch den positiven Volumen Effekt in einer Niedrigkosten Fallgruppe eine Mengenausweitung der behandelten Fälle und somit – aus seiner Sicht – eine eventuelle Kostenexplosion in dieser Fallgruppe zu erwarten. Damit einhergehen müssten aber auch negative Volumen Effekte, also Kontraktionen der Fallzahlen in Hochkosten Gruppen. Für den Financier wäre es interessant zu wissen, welche absolute Dimension die positiven und negativen Volumen-Effekte in verschiedenen Fallgruppen haben werden und ob sich diese in Geldeinheiten gemessenen Effekte gerade aufheben oder nicht. Um diese Frage zu untersuchen, wäre jedoch die Modellierung eines Marktes mit entsprechenden Reaktionsfunktionen der Anbieter und Nachfrager unter Berücksichtigung mehrerer Fallgruppen notwendig.

An dieser Stelle soll festgehalten werden, dass der Volumen Effekt für Patienten in Hochkosten-Fallgruppen in der Behandlungsdimension ein Risiko darstellt. Für den Financier stellt der positive Volumen Effekt ein Risiko durch die Ausdehnung der Fallzahlen in Niedrigkosten-Fallgruppen dar.

5.3.2 Moral Hazard Effekt

Der durch ein Vergütungssystem ausgelöste Moral Hazard Effekt im Arzt-Patient Verhältnis beschreibt den im Krankenhaus gesetzten Anreiz, die Kostenübernahme des Krankenhauses durch die Reduktion der Behandlungsintensität zu verringern (*supply-side cost sharing*)[38]. Der Moral Hazard Effekt ist immer negativ und umso höher, je höher der Anteil der Kostenübernahme durch das Krankenhaus ($1-\beta$) ist, d.h. je niedriger der Anteil der Kostenerstattung durch den Financier (β) ist. Der Zusammenhang zwischen Moral Hazard Effekt und margi-

---

[38] Analog hierzu verhält es sich mit dem Moral Hazard Effekt auf der Nachfrageseite. Eine Reduktion von „demand-side cost sharing" – z.B. durch den Abbau eventueller Selbstbehalte der Patienten – führt zu einem erhöhten Anreiz in der Patientenschaft, mehr medizinische Leistungen zu konsumieren und somit den Financier schlechter zu stellen.

nalem Gewinn des Krankenhauses wird in Gleichung (12a) sichtbar. Je niedriger β – je höher (1-β) – desto ausgeprägter ist der Moral Hazard Effekt. Der Anreiz zur Reduktion der Behandlungsintensität (Moral Hazard) ist unabhängig von der Gewinn-/Verlustsituation des einzelnen Krankenhauses oder der im Vergütungssystem erfassten Krankenhäuser. Egal wie hoch das Vergütungsniveau in Bezug auf die Kosten ist, sobald die entstandenen Kosten nicht mehr zu 100% vom Financier übernommen werden ($\beta < 1$), sondern vom Krankenhaus zu einem gewissen Prozentsatz selbst getragen werden müssen (1-$\beta > 0$), wird im Krankenhaus ein Anreiz zu Moral Hazard in der Patientenbehandlung gesetzt.

Als weiteres Zwischenergebnis kann formuliert werden:

Der Grad der Prospektivität eines Vergütungssystems (β) determiniert die Dimension des vom Krankenhaus ausgehenden Moral-Hazard Effekts in der Arzt-Patient Beziehung, unabhängig von der Gewinn/Verlust Situation des einzelnen Krankenhauses oder der weiteren im Vergütungssystem erfassten Krankenhäuser. Ein vom Krankenhaus ausgehender Moral-Hazard stellt aufgrund der Informationsasymmetrie zwischen Arzt und Patient ein schwer ausweichbares Risiko für den Patienten dar.

5.3.3 Nutzeneffekt

Die vollständige Diskussion der Gleichung (14a) beinhaltet die Erwähnung des letzten Summanden, der als Nutzeneffekt bzw. Grenzrate der Substitution zwischen Grenznutzen der Behandlungsintensität (I) und Grenznutzen des Gewinns bzw. Grenznutzen des Geldes (π) interpretiert werden kann. Dieser Effekt hängt jedoch nicht kausal mit dem Vergütungssystem zusammen, sondern stellt ein Charakteristikum der Nutzenfunktion dar. Unter der Annahme, dass die Behandlungsintensität einen marginalen Nutzen für das Krankenhaus stiftet ($U_I > 0$), ist der Nutzeneffekt positiv unabhängig vom Vergütungssystem. Er impliziert – unter der Annahme eines abnehmenden Grenznutzen des Gewinns – eine Tendenz des Krankenhauses, die Behandlungsintensität zu erhöhen und kann insofern als „soziales Gewissen" des Krankenhauses interpretiert werden, in dubio pro Behandlungsintensität zu entscheiden.

Eine weitere mögliche Begründung könnte der eingangs erwähnte Prestigegewinn des Krankenhauses durch erhöhte Behandlungsintensität darstellen. Wie in der Interpretation der Gleichung (14b) erwähnt wurde, impliziert ein Grenznutzen von U_I=0 ein rein profitmaximierendes Krankenhaus, da der gesamte Nutzeneffekt dann Null ist. Eine grundlegende Untersuchung der Nutzenfunktion müsste jedoch empirisch erfolgen und ist nicht Ziel dieser Arbeit.

5.3.4 Zusammenfassung der Ergebnisse

Das Hodgkin-McGuire Modell liefert einen guten Rahmen für die Systemanalyse, die sich in dieser Arbeit speziell auf das von den einzelnen Akteuren getragene Risiko bezieht.

Vier Ergebnisschwerpunkte resultieren aus der obigen Darstellung:

Ergebnis 1

Zunächst wurde festgestellt, dass nur ein gemischtes Finanzierungssystem mit $\alpha > 0$ und $0 \leq \beta < 1$ einen Anreiz im Krankenhaus setzt, Kosten einzusparen, da die Kosten pro Behandlungsfall (c), vom Krankenhaus durch geeignete Wahl von I noch im Augenblick der Behandlung gewinnrelevant gesteuert werden können. Insofern impliziert ein höherer Grad an Prospektivität ein niedrigeres finanzielles Verlustrisiko für den Financier und ein höheres finanzielles Verlustrisiko für das Krankenhaus, bei Betrachtung des Einzelfalles.

Ergebnis 2

Der Volumen Effekt hängt nicht vom Grad der Retrospektivität/Prospektivität eines Vergütungssystems ab, sondern nur von der generellen Gewinnmarge des Krankenhauses zwischen der Vergütung und den entstandenen Kosten ($p-c$). Je höher die Gewinnmarge des Krankenhauses ist, desto stärker ist der Anreiz einer Mengenausweitung der medizinischen Leistungen (Volumen Effekt). Die Aufteilung der Vergütung auf die Parameter α und β spielt hierbei keine Rolle. Für Patienten in Hochkosten-Fallgruppen stellt der Volumen Effekt ein Risiko dar, da an ihnen tendenziell gespart wird. Für den Financier ist der positive Volumeneffekt ein Risiko, da aus ihm die Mengenausweitung medizinischer Leistungen und somit Kostensteigerungen in diesen Fallgruppen folgen.

Ergebnis 3

Interessant ist, dass es für den Financier eine risikominimierende Strategie darstellt, die Gewinnmarge des Krankenhauses möglichst klein zu halten. In Verhandlungen um die Vergütungshöhe (p) wird der Financier deshalb versuchen, unabhängig von entstandenen Kosten, die geringstmögliche Vergütung durchzusetzen, egal wie diese auf die Parameter α und β aufgeteilt ist. Allerdings sind dieser Strategie insofern Grenzen gesetzt, als dass der Financier mit dem Problem asymmetrischer Information über die durch das Krankenhaus gewählte Behandlungs- und somit Kostenintensität konfrontiert ist. Das Krankenhaus wird in Verhandlungen – insbesondere über die Höhe der retrospektiven Kostenübernahme (β) durch den Financier – niemals die Möglichkeiten zur kostensparenden Behandlung aufdecken. Da im Modell die Möglichkeiten einer schlechten Behandlungsqualität (*Slack*) oder der Ineffizienz in der Fallzahlattraktion (X) nicht berücksichtigt werden, ist die „Kostenschraube (c)" der einzige Stellparameter des Krankenhauses, mit dem die Gewinnmarge ($p-c$) und somit der Krankenhausgewinn maximiert werden kann.

Ergebnis 4

In Folge wurde festgestellt, dass der Grad der Prospektivität in einem Vergütungssystems (β) direkt die Dimension des vom Krankenhaus ausgehenden Moral-Hazard Effekts in der Arzt-Patient Beziehung determiniert, unabhängig von der Gewinn/Verlust Situation des einzelnen Krankenhauses. Ein vom Krankenhaus ausgehender Moral-Hazard stellt ein schwer ausweichbares Risiko für den Patienten dar und wird deshalb als Risikodimension des Patienten klassifiziert.

Ergebnis 5

Das Moral-Hazard Problem wird durch das positive Vorzeichen des Nutzeneffekts teilweise abgeschwächt. Dieser ist das vom Vergütungssystem unabhängige Verhältnis zwischen Grenznutzen der Behandlungsintensität und Grenznutzen des Gewinns. Sofern der Nutzeneffekt ein positives Vorzeichen aufweist und das Verhältnis der Grenznutzen U_l/U_π steigt, tendiert das Krankenhaus in seiner Entscheidung zu mehr Behandlungsintensität. Mögliche Begründungen für dieses Verhalten könnten der eingangs erwähnte Prestigegewinn durch erhöhte Behandlungsintensität oder das „soziale Gewissen" des Krankenhauses bzw. der Ärzteschaft gegenüber dem erkrankten Patienten sein.

6 Krankenhausverhalten bei Unsicherheit

Bisher wurde ein nicht-stochastisches Verständnis von „Risiko" in den Dimensionen des finanziellen Risikos und des Risikos in der Behandlung unterstellt. Ein wesentlicher Gedanke, der jedoch nicht im Hodgkin-McGuire Modell reflektiert wird, ist die zufällige, wahrscheinlichkeitsbedingte Dimension des Risikos. Nach dem Eintreffen des Patienten und nach der Anamnese und Festlegung der Behandlungsfolgen kann selbst der beste Arzt nur eine ungefähre Schätzung über den Gesundungsprozess des Patienten abgeben – Unvorhersehbarkeiten, vor allem in der notwendigen Behandlungsintensität und somit in der Kostenintensität gehören zum klinischen Alltag.

Die Gewinnrealisierung des Krankenhauses hängt ganz entscheidend von der Wahrscheinlichkeit abhängt, *wie* der medizinische Fall eintritt, d.h. mit welchem Schweregrad in Bezug auf die Behandlungs- und Kostenintensität. Ein höherer medizinischer Schweregrad impliziert hierbei in den meisten Fällen auch einen höheren ökonomischen Schweregrad. Realitätsnäher ist also, dass das Krankenhausmanagement einen Erwartungswert bildet, in dem der wahrscheinlichkeitsbedingte ökonomische bzw. medizinische Schweregrad des Falles berücksichtigt wird. Diese Überlegung kommt im Folgenden in der Gewinnwahrscheinlichkeit θ zum Ausdruck.

6.1 Die neue Erwartungsgewinnbedingung

Im folgenden Modell wird vom Hodgkin-McGuire Modell-Design ausgegangen, und um den wahrscheinlichkeitstheoretischen Aspekt erweitert. Die zentralen Annahmen des Hodgkin-McGuire Modells über die Nutzenfunktion $U(\pi,I)$, die Behandlungsintensität (I) sowie die Annahmen zur Nachfragefunktion $X(I)$, Kostenfunktion $c(I)$ und das Design der Vergütungssystematik bleiben erhalten und werden an dieser Stelle unter Verweis auf Kapitel 5 nicht mehr erläutert[39]. Hodgkin-McGuire gehen in ihrer Gewinngleichung (5) davon aus, dass der Krankenhausgewinn die Differenz zwischen Gesamterlösen und Gesamtkosten zuzüglich eventueller außerbetrieblicher Erträge ist:

(5) $$\pi = R - TC + Y$$

Durch die Verbindung der Gewinngleichung (5) mit den Gleichungen für die Kosten (8), Erlöse (6), und die Vergütungssystematik (7) wird die Bedingung formuliert:

(11) $$\pi = [\alpha + \beta c(I)]X(I) - X(I)c(I) + Y$$

Aus den eingangs erläuterten Gründen wäre es realitätsnäher, von einem erwarteten Gewinn auszugehen, in dem die Gewinn- bzw. Verlustmöglichkeit pro Fall in einer exogen gegebenen Wahrscheinlichkeit widergespiegelt wird. Von möglichen außerbetrieblichen Erträgen (Y) abstrahierend, ergibt sich die folgende Gleichung für den Erwartungswert des Krankenhausgewinns:

(15) $$E(\pi) = \theta(R - TC) + (1 - \theta)(TC - R)$$

Der Erwartungswert des Krankenhausgewinns entspricht der Summe des mit der Gewinnwahrscheinlichkeit θ multiplizierten Klammerausdrucks. Dieser besagt, dass die Erlöse des Patientenfalles über den Kosten liegen. Mit der Gegenwahrscheinlichkeit ($1-\theta$) wird berücksichtigt, dass bei dem betreffenden Patienten die Kosten über den Erlösen der Behandlung liegen könnten, also ein Verlust auszuweisen wäre. Da in einem *prospektiven* DRG-System der Erlös in einer Fallgruppe durch die im Vorhinein festgelegte €-Fallpauschale bekannt

---

[39] Die Modellierung folgt in theoretischer Hinsicht der Maxime von Stigler/Becker, die argumentieren, dass Verhaltensänderungen in ökonomischen Modellen über die Bedingung bzw. Nebenbedingung berücksichtigt werden sollten. Dies sei der Fall, weil die Nutzenfunktionen von Individuen oder Wirtschaftssubjekten stabil sind und nur die unterschiedlichen Umweltzustände, also andere Bedingungen bzw. Nebenbedingungen,

ist, können nur die Kosten im spezifischen Behandlungsfall variieren. Die Kostenvariation bedingt einen Gewinn oder einen Verlust im spezifischen Patientenfall, je nachdem ob die Kosten die €-Fallpauschale übersteigen oder nicht. Da das Niveau der Behandlungsintensität die Kostenhöhe verursacht, ist das *Ausgangsniveau* der Behandlungsintensität (I) ebenfalls stochastisch bedingt. Allerdings ist die Behandlungsintensität (I) – und somit indirekt auch die Kosten $c(I)$ als Funktion von I – im Modell eine *Instrumentvariable, die vom Krankenhaus während der Leistungserstellung* gesteuert werden kann. Das stochastische Element bezieht sich nur auf das *Ausgangsniveau der Behandlungsintensität bzw. der Kosten*. Mit einer bestimmten Wahrscheinlichkeit θ liegt dieses *Ausgangsniveau der Behandlungsintensität bzw. der Kosten unter* der €-Fallpauschale oder *über* der €-Fallpauschale und verursacht somit mit der Wahrscheinlichkeit θ einen Gewinn oder mit der Wahrscheinlichkeit $1-\theta$ einen Verlust im spezifischen Patientenfall.

Das Krankenhaus bzw. die Ärzteschaft bildet also aufgrund der medizinischen Indikationen bei jedem Patientenfall den Erwartungswert des mit der exogenen Wahrscheinlichkeit θ eintretenden *Ausgangsniveaus der Behandlungsintensität*, welches wiederum das *Ausgangsniveau der Kosten* bedingt. Dies bedingt mit derselben Wahrscheinlichkeit θ einen Gewinn oder einen Verlust, je nachdem ob das *unsichere Ausgangsniveau der Behandlungs- bzw. der Kostenintensität* die *sichere* €-Fallpauschale übersteigt oder nicht[40]. Auf Basis dieses wahrscheinlichkeitsbedingten Erwartungswertes trifft das Krankenhaus dann die Entscheidungen, die Fallzahlen zu steigern oder zu senken (Volumen Effekt), Moral Hazard in der Behandlung an den

---

Verhaltensänderungen herbeiführen. Vgl. Stigler, G., Becker G.: De Gustibus Non Est Disputandum. In: The American Economic Review, 67. Jg. 1977, Heft 2, S. 76-90.

[40] Da nur das Ausgangsniveau von I stochastisch ist, stellt die Behandlungsintensität I nur indirekt eine Funktion der Gewinnwahrscheinlichkeit θ dar. In der mathematischen Herleitung wurde deshalb auf die Formulierung $I(\theta)$ verzichtet, da sie nichts am Ergebnis ändert, jedoch die Darstellung verkomplizieren würde.

Tag zu legen, oder Risikoselektion zu betreiben. Wie diese Entscheidungen getroffen werden – d.h. in welchem Verhältnis zueinander, also welche der Entscheidungen überwiegt – ist bei einem Krankenhaus, das die Gewinnmaximierung in den Vordergrund stellt ($U_I=0$!) von der Stärke der Anreizwirkung abhängig, diese Entscheidungen zu treffen. Die Stärke der Anreizwirkung wird als Erwartungsgewinn- bzw. Erwartungsverlustpotential in Abhängigkeit der Wahrscheinlichkeit θ gemessen und ins Zentrum der folgenden (grafischen) Analyse gestellt.Ferner sei angenommen, dass das Krankenhaus risikoavers bezüglich der Gewinnerzielung ist. Ein mit hoher Wahrscheinlichkeit verbundener Gewinn wird gegenüber einem mit niedriger Wahrscheinlichkeit eintretenden Gewinn bevorzugt. Das heißt ein *im Verhältnis zur €-Fallpauschale* niedriges Ausgangsniveau der Behandlungs- bzw. Kostenintensität wird gegenüber einem hohen Ausgangsniveau an Behandlungs- bzw. Kostenintensität vorgezogen[41].

Durch Substitution der Gleichungen (6), (7) und (8) in Gleichung (15) ergibt sich die neue Erwartungsgewinnbedingung in Abhängigkeit des Vergütungssystems zu:

$$(16)\quad E(\pi) = \theta\left[\underbrace{(\alpha + \beta c(I))}_{=p}X(I) - \underbrace{c(I)}_{=c}X(I)\right] + (1-\theta)\left[\underbrace{c(I)}_{=c}X(I) - \underbrace{(\alpha + \beta c(I))}_{=p}X(I)\right]$$

In der substituierten Form entspricht die Differenz $R - TC$ aus Gleichung (15) der im Folgenden kurz mit $p - c$ bezeichneten Differenz, die die Vergütungssystematik beinhaltet.

---

[41] Hieraus folgt die Annahme eines Grenznutzens der Behandlungsintensität von Null ($U_I=0$) aus der wiederum folgt, dass der später in der FOC auftretende Nutzeneffekt $\dfrac{U_I}{U_\pi}$ im betrachteten Fall des profitmaximierenden Krankenhauses ebenfalls Null sein muss.

6.2 Das Gewinn-/Verlustkalkül bei Unsicherheit

Die Analyse geht wieder vom Fall eines gewinnmaximierenden Krankenhauses aus, dessen endogene Variable die Behandlungsintensität (*I*) ist. Die erste Ableitung des erwarteten Gewinns des Krankenhauses $E(\pi)$ nach der Behandlungsintensität (*I*) liefert den folgenden Ausdruck[42]:

(17) $\qquad E(\pi_I) = X'[(p-c)(2\theta-1)] - Xc'[(1-\beta)(2\theta-1)]$

Wie schon im Hodgkin-McGuire Modell können aus der Ableitung der Gewinnfunktion nach der Behandlungsintensität (Gleichung 17) einige Schlussfolgerungen gezogen werden. Die Rentabilität des Grenzfalles X' ist wieder durch eine Gewinnmarge (*p-c*) definiert, allerdings gewichtet mit dem Wahrscheinlichkeitsterm (*2θ-1*). Während des Leistungserstellungsprozesses sind nur die Kosten (*c*) direkt vom Krankenhaus beeinflussbar, da sie eine Funktion der Behandlungsintensität (*I*) sind; die Vergütung (*p*) ist exogen vorgegeben. Im zweiten Term Xc' wird ersichtlich, dass der Grad an Prospektivität des Vergütungssystems, ausgedrückt als Prozentsatz der vom Financier im Nachhinein übernommenen Kosten (*β*), einen Einfluss auf das Gewinnkalkül des Krankenhauses hat, allerdings gewichtet mit dem Wahrscheinlichkeitsterm (*2θ-1*).

Bei genauerer Betrachtung des Wahrscheinlichkeitsterms wird deutlich, dass dieser bei $\theta = 0{,}5$ gleich Null ist, bei *θ*-Werten größer als 0,5 eine positive Zahl ergibt und bei *θ*-Werten kleiner als 0,5 eine negative Zahl resultiert. Dies impliziert, dass sich bei *θ*-Werten kleiner als 0,5 die Vorzeichen der Terme X' und Xc' umdrehen, was in der Interpretation der Bedingung erster Ordnung zu interessanten ökonomischen Ergebnissen führt. Insbesondere zu beachten ist die multiplika-

---

[42] vgl. Abschnitt 9 für die mathematische Herleitung. Der Wahrscheinlichkeitsterm (*2θ-1*) kann auch in der Nullform der Gleichung (17) nicht gekürzt werden, weil nach $I(\theta)$ differenziert wurde.

tive Verknüpfung des Prozentsatzes der Kostenübernahme (β) mit dem Wahrscheinlichkeitsterm (2θ-1). Außerdem besteht für das Krankenhaus erst dann die Möglichkeit einen Gewinn zu erwirtschaften, wenn das Vergütungssystem prospektiv gestaltet ist, also unter der notwendigen Bedingung, dass β *echt kleiner* als eins ist ($0 \leq \beta < 1$). Im retrospektiven Fall ($\alpha = 0$ also p-c=0 und $\beta = 1$) resultiert, dass die Vergütung genau den entstandenen Kosten entspricht ($p=c$), was in Gleichung (14a) zu einem erwarteten marginalen Gewinn von $E(\pi_i)= 0$ führt.

Als Zwischenergebnis kann festgehalten werden, dass – wie schon im Hodgkin-McGuire Modell – nur ein gemischtes Finanzierungssystem ($\alpha > 0$ und $0 \leq \beta < 1$) einen Anreiz im Krankenhaus implementiert, Kosten einzusparen, da Kosteneinsparungen für das Krankenhaus direkte Gewinnrelevanz haben. Bei Betrachtung eines Patientenfalles impliziert ein höherer Grad an Prospektivität ein niedrigeres finanzielles Verlustrisiko für den Financier und ein höheres finanzielles Verlustrisiko für das Krankenhaus. Neu ist, dass das finanzielle Verlustrisiko seitens des Krankenhauses auch davon abhängt, wie die Wahrscheinlichkeit eines möglichen Gewinns (oder Verlusts) durch das Krankenhaus eingeschätzt wird. Darüber hinaus ist zu erwarten, dass die Multiplikation des Prozentsatzes der Kostenübernahme des Financiers (β) mit der durch das Krankenhaus eingeschätzten Gewinnwahrscheinlichkeitsfunktion (2θ-1) Auswirkungen auf das optimale Krankenhausverhalten als Reaktion auf die Vergütungssystematik hat.

6.3 Nutzenmaximierung der Erwartungsgewinnbedingung

Das Maximierungsproblem des Krankenhauses unter der neuen Gewinnbedingung lautet wie folgt:

(18) $$\max_{I} U(E(\pi), I)$$

unter der Bedingung:

$$E(\pi) = \theta[(\alpha + \beta c(I))X(I) - c(I)XI)] + (1-\theta)[c(I)X(I) - (\alpha + \beta c(I))X(I)]$$

Die Nutzenfunktion enthält hierbei nun ebenfalls das neue Argument des wahrscheinlichkeitsbedingten Erwartungsgewinns $E(\pi)$. Weiterhin bleibt die Behandlungsintensität (I) der Handlungsparameter des Krankenhauses und weist somit einen Input-Charakter auf, auch wenn das *Ausgangsniveau* von I stochastisch bedingt ist[43]. Das Modell abstrahiert von Fragen der medizinischen Ethik, da nicht berücksichtigt wird, dass die Zielfunktion des Krankenhauses auch die Vermeidung medizinisch negativer Ergebnisse beinhalten könnte. Wäre dies der Fall, so müsste die Variable I einen stärkeren Output-Charakter im Modell einnehmen, beispielsweise durch die Berücksichtigung der Behandlungsqualität.

Einsetzen und Differenzieren nach I liefert die Optimalitätsbedingung erster Ordnung (*first order condition*, FOC) des neuen Modells[44].

(19) FOC: $\underbrace{X'[(p-c)(2\theta-1)]}_{\text{Volumen Effekt}} - \underbrace{Xc'[(1-\beta)(2\theta-1)]}_{\text{Moral Hazard Effekt}} + \underbrace{\frac{U_I}{U_\pi}}_{\text{Nutzen Effekt}} = 0$

mit $0 \le \beta \le 1$ und $0 \le \theta \le 1$.

Die Gleichung (19) ist – ähnlich dem Hodgkin-McGuire Modell – eine Grenzerlös/Grenzkosten Bedingung, in der drei Effekte einer Vergü-

---

[43] Diese Tatsache wird durch $E(\pi)$ indirekt berücksichtigt. Vgl. Abschnitt 6.1.
[44] Für die Herleitung der Optimalitätsbedingung vgl. Abschnitt 9.

tungssystematik auf das Krankenhausverhalten aufgezeigt werden: der Volumen Effekt, der Moral Hazard Effekt und der Nutzen Effekt. Im Unterschied zum Ansatz von Hodgkin-McGuire hängen der Volumen und Moral Hazard Effekt vom Wahrscheinlichkeitsterm ($2\theta-1$) ab.

Die Analyse der Bedingung erster Ordnung erfolgt getrennt nach den Effekten und stützt sich auf den Mathematischen Anhang sowie auf die numerische Lösung der Gleichung im Tabellenanhang. Beide Lösungen abstrahieren vom Nutzen Effekt, da dieser positiv unabhängig von den beiden ersten Termen ist und im betrachteten Fall des profitmaximierenden Krankenhauses mit $U_l=0$ insgesamt den Wert Null annimmt.

Die mathematische Diskussion der Optimalitätsbedingung liefert als wesentliche Aussage, dass Volumen- und Moral Hazard Effekt *keine* Krümmung in Bezug auf β und θ aufweisen und somit die Funktion keine lokalen Minima oder Maxima hat. Jedoch existieren aufgrund der betragsmäßigen Beschränkung der β- und θ-Werte Randminima[45], die die Lösung der Gleichung (19) als beschränktes Optimierungsproblem qualifizieren und auf die in der Diskussion im nächsten Abschnitt eingegangen wird. Die numerische Lösung bezieht sich auf Gleichung (17), da dies der Berechnung der Bedingung erster Ordnung ohne den Nutzeneffekt entspricht, sofern $E(\pi_l)=0$ resultiert[46]. Für die Lösung sind Annahmen über die Gewinnmarge, die Kostenfunktion und die Nachfragefunktion nach medizinischen Leistungen (die Fallzahl in Abhängigkeit der Behandlungsintensität) notwendig. Es wurden beispielhafte Funktionen unterstellt, die (noch) nicht empirisch fundiert sind, sondern nur der Darstellung des funktionalen Zusammenhangs des Modells dienen sollen.

---

[45] vgl. Abschnitt 9, Folgerungen in 9.3.1.3 und 9.3.2.2
[46] Der Nutzen Effekt ist die Grenzrate der Substitution (marginal rate of substitution, MRS) des Krankenhauses zwischen dem Grenznutzen der Behandlungsintensität U_l und dem Grenznutzen des Gewinns U_π. Die numerische Lösung wurde unter der An-

(20) Gewinn- bzw. Verlustmarge (konstant): $p - c = 3\,€$

(21) Kostenfunktion: $c(I) = 1\,€ + 4\,€ * I$

(22) Fallzahlfunktion (Nachfragefunktion): $X(I) = 2 + 5 * I$

(23) Behandlungsintensitätsniveau: $I = 5$

Die Lösung erfolgte auf Basis eines Excel-Sheets und ist im Anhang in 22 Tabellen dargestellt. In den Tabellen 1 bis 11 wurden die β-Werte auf verschiedenen Niveaus konstant gehalten und die θ-Werte in 1/10-Schritten variiert, in den Tabellen 12 bis 22 wurden die θ-Werte auf verschiedenen Niveaus konstant gehalten und nur die β-Werte in 1/10-Schritten variiert. Die in Gleichung (19) formulierte Optimalitätsbedingung ist in den Tabellen für diejenigen Zeilen erfüllt, in denen der Erwartungswert des marginalen Gewinns $E(\pi_i)$ gleich Null ist. Dies ist immer dann der Fall, wenn Volumen und Moral Hazard Effekt den Wert Null annehmen und somit die Risiken für Patienten (Moral Hazard Effekt) und Financier (Volumen Effekt) gleich Null sind.

Für die ökonomische Interpretation sind jedoch vor allem die Abweichungen von der Optimalitätsbedingung interessant, die im nächsten Abschnitt dargestellt werden.

6.4 Abweichungen von der Optimalitätsbedingung

Die Analyse der Abweichungen von der Optimalitätsbedingung erfolgt in zwei Teilen. Zunächst wird die Variation der Gewinnwahrscheinlichkeit θ bei konstantem β untersucht. Im darauf folgenden Abschnitt wird der Prozentsatz der retrospektiven Kostenübernahme β variiert und bei konstantem θ analysiert.

---

nahme MRS = 0 berechnet, da vom Fall des profitmaximierenden Krankenhauses mit $U_i=0$ ausgegangen wurde.

6.4.1 Variation der Gewinnwahrscheinlichkeit

Wie oben erwähnt, wurden in den Tabellen 1 bis 11 die β-Werte auf verschiedenen Niveaus konstant gehalten und die θ-Werte in 1/10-Schritten variiert. Dies ermöglicht die Analyse der Auswirkungen der Gewinnwahrscheinlichkeit θ auf den erwarteten marginalen Gewinn $E(\pi_l)$, den Moral Hazard Effekt $Xc'[(1-\beta)(2\theta-1)]$ und den Volumen Effekt $X'[(p-c)(2\theta-1)]$.

Vergleicht man die Ergebnisse der Tabellen 1 bis 11, so fallen vier Gemeinsamkeiten auf den ersten Blick auf. Erstens, die Erwartungswerte der marginalen Gewinne und Verluste $E(\pi_l)$ sind beim θ-Wert 0,5 durchgehend Null. Zweitens, die Erwartungswerte der marginalen Gewinne und Verluste $E(\pi_l)$ sind um den θ-Wert 0,5 gleichverteilt. Drittens, oberhalb von $\theta = 0,5$ ist der Moral Hazard Effekt wie erwartet negativ; unterhalb von $\theta = 0,5$ jedoch positiv. Viertens, Volumen Effekt und Moral Hazard Effekt haben durchwegs entgegengerichtete Vorzeichen. Die folgende Tabelle 1 des Anhangs verdeutlicht dies beispielhaft für alle Ergebnisse in den Tabellen 1 bis 11.

Tabelle 1: Variation der Gewinnwahrscheinlichkeit bei $\beta = 0,1$

Erwartungswert m.Gew. $E(\pi_l)$	Volumen Effekt, X'	MH-Effekt, Xc'	β	θ
77,32	-0,44	77,76	0,1	0,1
57,99	-0,33	58,32	0,1	0,2
38,66	-0,22	38,88	0,1	0,3
19,33	-0,11	19,44	0,1	0,4
0,00	**0,00**	**0**	**0,1**	**0,5**
-19,33	0,11	-19,44	0,1	0,6
-38,66	0,22	-38,88	0,1	0,7
-57,99	0,33	-58,32	0,1	0,8
-77,32	0,44	-77,76	0,1	0,9
-96,64	0,56	-97,2	0,1	1

Die erste Beobachtung lässt sich mathematisch schnell belegen; für den θ-Wert 0,5 ist die Funktion immer Null und zwar unabhängig vom

β-Wert[47]. Ökonomisch ist dies insofern logisch, weil es aus der Tatsache resultiert, dass in der Formulierung des vom Krankenhaus erwarteten Gewinns in Gleichung (15) der Gewinn (R-TC) im Betrag gleich hoch ist wie der Verlust (TC-R)[48]. Aus dieser Modellierung resultiert auch die zweite Beobachtung der Gleichverteilung der Gewinne und Verluste. Die zunächst konterintuitiv erscheinende, dritte Beobachtung eines positiven Moral Hazard Effekts wird im Abschnitt 6.4.1.2 im Rahmen der Risikoselektions-Problematik geklärt. Ebenso sei an dieser Stelle auf die Abschnitte 6.4.1.3 und 6.4.2.3 zur Erklärung der entgegengesetzten Vorzeichen zwischen Moral Hazard und Volumen Effekt verwiesen. Die Analyse wird mit Hilfe von Grafiken durchgeführt, die das Steigungsverhalten der betrachteten Funktion $E(\pi)$ bei Variation von β und θ im $E(\pi)/I$ – Raum darstellen. Wichtig ist, dass es sich *nicht* um die Darstellung absoluter Gewinne (π) pro Behandlungsintensität (*I*) handelt, sondern um den *erwarteten* Gewinn $E(\pi)$ als eine von der Behandlungsintensität (*I*) abhängige Variable.

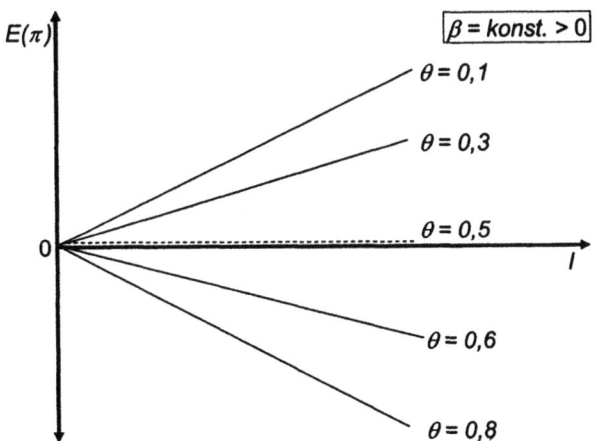

Abbildung 8: Variation der Gewinnwahrscheinlichkeit bei konstantem β

---

[47] vgl. Mathematischer Anhang, Folgerungen 9.3.1.3 a) und 9.3.2.2 c)
[48] zur Diskussion dieser Annahme vgl. Abschnitt 6.5.2

Die obige Darstellung zeigt die Ergebnisse der Tabellen 1 bis 11. Es wird deutlich, dass die Variation der Gewinnwahrscheinlichkeit bei konstantem β-Wert die Erwartungsgewinngerade dreht und dass sich jede weitere Behandlungseinheit ab einer Gewinnwahrscheinlichkeit von 50% im Erwartungswert nicht mehr zu lohnen scheint, da die Steigung der Geraden negativ wird. Dies liegt in der Annahme begründet, dass die Kostenfunktion eine steigende Funktion der Behandlungsintensität ist ($c'(I) > 0$). Für Fälle mit hoher Gewinnwahrscheinlichkeit ist es nicht mehr lohnend, zusätzliche Kosten durch eine erhöhte Behandlungsintensität zu verursachen. Ist die Gewinnwahrscheinlichkeit jedoch geringer als 50%, bildet das Krankenhaus einen positiven Erwartungswert für den Gewinn in Abhängigkeit der Behandlungsintensität.

Eine mögliche Erklärung hierfür wäre, dass es sich bei $\theta < 0,5$ um Fälle handelt, deren Kostenfunktion konkav verläuft und somit jede weitere Behandlungseinheit weniger kostet, was sich im Erwartungswert des Gewinns positiv auf eine zunehmende Behandlungsintensität auswirken könnte[49]. Eine realistischere Erklärung des Phänomens steigender Erwartungsgewinne bei Gewinnwahrscheinlichkeiten kleiner als 50% wird vor dem Hintergrund einer linearen Krankenhaus-Kostenfunktion mit konstanten Skalenerträge im Abschnitt über die Risikoselektion bei Patienten präsentiert.

6.4.1.1 Moral Hazard Effekt

Die zentralen Ergebnisse bei Hodgkin-McGuire waren, dass der Moral Hazard Effekt immer negativ und umso stärker ist, je höher der Anteil der Kostenübernahme durch das Krankenhaus ($1-\beta$) ist. Je niedriger der Prozentsatz der Kostenübernahme durch den Financier β – je höher ($1-\beta$) – desto kleiner ist jede zusätzliche Gewinneinheit des Krankenhauses, desto ausgeprägter ist der Anreiz zu Moral Ha-

---

[49] vgl. Abschnitt 5.1 zur Diskussion der Plausibilität konkaver bzw. konvexer Kostenfunktionen bei Krankenhäusern.

zard im Arzt-Patient-Verhältnis. Sobald die entstandenen Kosten nicht mehr zu 100% vom Financier übernommen werden ($\beta < 1$), sondern vom Krankenhaus zu einem gewissen Prozentsatz selbst getragen werden müssen ($1-\beta > 0$), kommen Hodgkin-McGuire zu dem Ergebnis, dass im Krankenhaus ein Anreiz zu Moral Hazard in der Patientenbehandlung besteht.

Bezieht man die Möglichkeit eines Gewinn- bzw. Verlustrisikos für das Krankenhaus in die Modellierung ein, so können die Ergebnisse von Hodgkin und McGuire bestätigt und erweitert werden. Die Ergebnisanalyse bezieht sich im Folgenden auf die *Stärke der Moral Hazard Anreizwirkung*. Diese Stärke der Anreizwirkung wird in Form des möglichen Gewinnsteigerungspotentials auf der Ordinate gemessen. Um den Unterschied zwischen der *Stärke der Anreizwirkung* Moral Hazard zu begehen und dem *Ausmaß der Reduktion an Behandlungsintensität* (Moral Hazard in absoluten Behandlungseinheiten „*I*") herauszuarbeiten, sei beispielhaft die folgende Grafik angeführt.

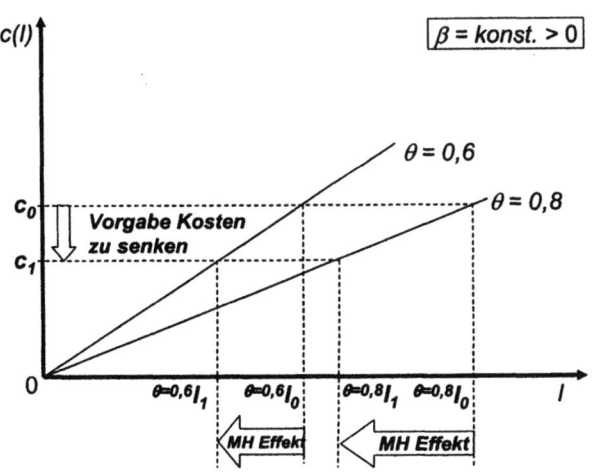

Abbildung 9: Moral Hazard Effekt bei Variation der Gewinnwahrscheinlichkeit

In der obigen Abbildung 9 ist das *Ausmaß der Reduktion an Behandlungsintensität* anhand der zu Abbildung 10 zugehörigen Kostenfunktionen veranschaulicht. Je höher die Gewinnwahrscheinlichkeit in einem Patientenfall ist, desto flacher wird die Kostenfunktion in diesem speziellen Fall verlaufen, wenn man von der Grundüberlegung ausgeht, dass der Gewinn die Differenz aus den (sicheren) DRG-Erlösen und den (wahrscheinlichen) Kosten ist. Bei einem vorgegebenen Kosteneinsparungsziel ist somit das Ausmaß der Reduktion der Behandlungsintensität (= Moral Hazard Effekt) in einem Fall mit wahrscheinlich geringeren Kosten pro Behandlungseinheit (z.B. $\theta = 0{,}8$) größer als in einem Fall mit wahrscheinlich höheren Kosten pro Behandlungseinheit (z.B. $\theta = 0{,}6$). Da das Maximierungsproblem des Krankenhauses als Gewinnmaximierungs- und nicht Kostenminimierungsproblem entworfen wurde, wird im Folgenden die *Stärke der Anreizwirkung des Moral Hazard* in Form des erwarteten Gewinnpotentials dargestellt. Dies ist auch kohärent mit der Darstellung der Daten in den Tabellen des Anhangs. Analysiert man den Moral Hazard Effekt anhand der Daten im Anhang, so ergibt sich das folgende Bild:

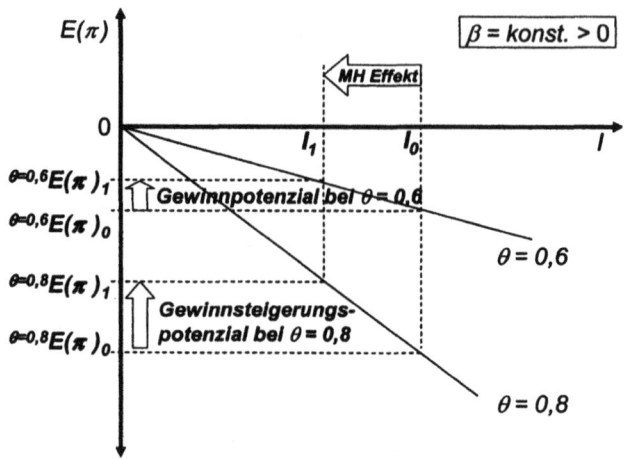

Abbildung 10: Stärke der Moral Hazard-Anreizwirkung

Für die verschiedenen Niveaus der Gewinnwahrscheinlichkeiten, ist die Stärke der Anreizwirkung Moral Hazard zu begehen aus dem Ausmaß an Gewinnpotential ersichtlich, das durch die Reduktion der Behandlungsintensität von I_0 auf I_1 winkt. Im Fall $\theta = 0{,}8$ beträgt das Gewinnsteigerungspotenzial die Strecke zwischen $^{\theta=0,8}E(\pi)_0$ und $^{\theta=0,8}E(\pi)_1$ und ist größer als die Strecke zwischen $^{\theta=0,6}E(\pi)_0$ und $^{\theta=0,6}E(\pi)_1$ im Fall $\theta = 0{,}6$. Für den Patientenfall mit der höheren Gewinnwahrscheinlichkeit $\theta = 0{,}8$ lohnt es sich also mehr die Behandlungsintensität um ein gegebenes Ausmaß zu reduzieren, als für den Fall mit Gewinnwahrscheinlichkeit $\theta = 0{,}6$. Im Fall mit gleichgewichtiger Gewinn-/Verlustwahrscheinlichkeit ($\theta = 0{,}5$) ist der zu erwartende Krankenhausgewinn *unabhängig* vom Ausmaß der Behandlungsintensität gleich Null.

Ferner ist bei einem Quervergleich der Erwartungswerte der marginalen Gewinne und Verluste $E(\pi_i)$ in den ersten Spalten der Tabellen 1 bis 9 zu sehen, dass diese mit Anstieg des β-Niveaus in ihrer Dimension begrenzt werden (von anfangs +77,76/-97,2 bei einem β-Niveau von 0,1 in Tabelle 1 auf +8,64/-10,8 bei einem β-Niveau von 0,9 in Tabelle 9). Das heißt, je höher der Prozentsatz der retrospektiven Kostenübernahme (β) durch den Financier ist, desto niedriger ist das Ausmaß des Moral Hazard-Anreizes, weil die vom Krankenhaus erwarteten Gewinn- bzw. Verlustpotentiale durch β zusammengestaucht werden. Im Sonderfall eines *rein retrospektiven* Vergütungssystems ($\beta = 1$, Tabelle 10) ergibt sich ein erwarteter marginaler Gewinn von Null und somit auch ein Moral Hazard Effekt von Null[50]. Für den Fall eines *rein prospektiven* Vergütungssystems ($\beta = 0$, Tabelle 11) ist die absolute Anreizwirkung des Moral Hazard Effekts im Vergleich zu den Zahlen der vorherigen Tabellen maximal.

---

[50] vgl. Mathematischer Anhang, Folgerungen 9.3.2.2 b) und c).

Als Zwischenergebnis kann festgehalten werden, dass der Anreiz die Behandlungsintensität zu reduzieren mit steigender Gewinnwahrscheinlichkeit stärker wird, das heißt Moral Hazard im Arzt-Patient-Verhältnis wird bei einem gewinnmaximierenden Krankenhaus wahrscheinlicher, je wahrscheinlicher die Gewinne sind. Wichtig ist die Unterscheidung des Moral Hazards in seiner absoluten Dimension (Reduktion der Behandlungsintensität I) und die Stärke der Anreizwirkung Moral Hazard zu begehen, die sich aus dem Gewinnpotential ergibt. Ferner beeinflußt der Prozentsatz der Kostenübernahme des Financier β – wie schon im Hodgkin-McGuire Modell – die Stärke der Anreizwirkung, Moral Hazard zu begehen.

6.4.1.2 Risikoselektion bei Patienten

Wie oben beschrieben, machen positive Erwartungsgewinne in Abhängigkeit von der Behandlungsintensität nur Sinn, wenn man vom eher unrealistischen Fall einer konkaven Kostenfunktion des Krankenhauses ausgeht. Hält man an der empirisch begründbaren Annahme linearer Krankenhaus-Kostenfunktionen fest, so ist das beobachtbare Verhalten mit dem Phänomen des Moral Hazard nicht schlüssig zu erklären. Die in Abbildung 8 resultierenden positiven Erwartungsgewinne können ökonomisch jedoch mit dem Phänomen der Patientenselektion begründet werden. Im vorgestellten Modell verändert die Ausdehnung oder Kontraktion der Behandlungsintensität, die Nachfrage nach den Leistungen des Krankenhauses[51].

Ferner kann aus der Annahme der Risikoaversion folgen, dass ein Krankenhaus die Vorgabe hat, die Gewinnerwartung auf einem stabilen Risikoniveau zu halten. In Fällen unterhalb der $\theta = 0{,}5$-Grenze kann daraus die Bestrebung resultieren, die Behandlungsintensität auszudehnen, um bei gegebenem Erwartungsgewinn-Niveau die Gewinnwahrscheinlichkeit von 10% auf 30% durch das Anlocken der

---

[51] vgl. Gleichung (10), die Funktion des Fallvolumens als Reaktionsfunktion der Nachfrage.

opportunen $\theta = 0{,}3$-Patienten zu steigern. In der Darstellung (Abb. 11) bevorzugt das Krankenhaus den Patientenfall mit der Verlustwahrscheinlichkeit 70% ($\theta = 0{,}3$) gegenüber dem Fall mit der Verlustwahrscheinlichkeit 90% ($\theta = 0{,}1$) durch die Ausdehnung der Behandlungsintensität von I_0 auf I_1.

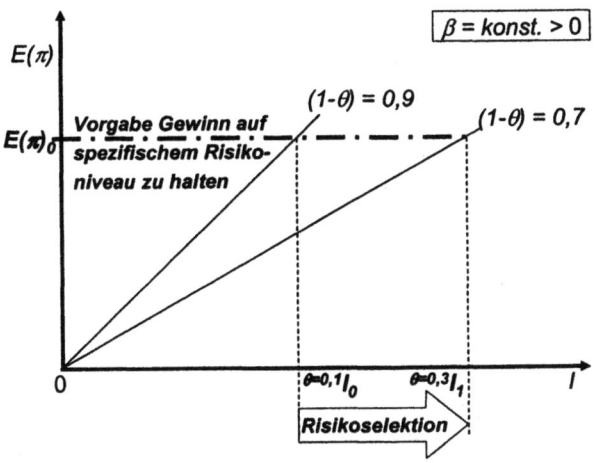

Abbildung 11: Risikoselektion des Patientenguts

Das drohende Verlustpotential läßt sich analog zur Analyse des Moral Hazard Effekts wieder als Stärke der Anreizwirkung zur Risikoselektion interpretieren (siehe Abbildung 12). Erwartet das Krankenhaus den Gewinn $E(\pi_0)$, so kann es die Wahrscheinlichkeit eines Verlusts reduzieren, indem es sich dazu entscheidet anstatt der $\theta = 0{,}1$-Fälle die $\theta = 0{,}3$-Fälle zu behandeln. Um bei den $\theta = 0{,}3$-Fällen den gleichen Gewinn wie bei den $\theta = 0{,}1$-Fällen erwarten zu können, muss das Krankenhaus die Behandlungsintensität von I_0 auf I_1 ausdehnen. Bei den $\theta = 0{,}1$-Fällen ist das Verlustpotential im Vergleich zur Benchmark $E(\pi_0)$ größer als bei den $\theta = 0{,}3$-Fällen, wenn die Behandlungsintensität von I_0 auf I_1 ausgedehnt wird.

Durch die Selektionsentscheidung bei I_1 nicht mehr die $\theta = 0{,}1$-Fälle, sondern nur noch die $\theta = 0{,}3$-Fälle zu behandeln, verringert sich das Verlustpotential im Vergleich zur ursprünglichen Behandlungsintensität I_0 gemessen an der Benchmark $E(\pi_0)$.

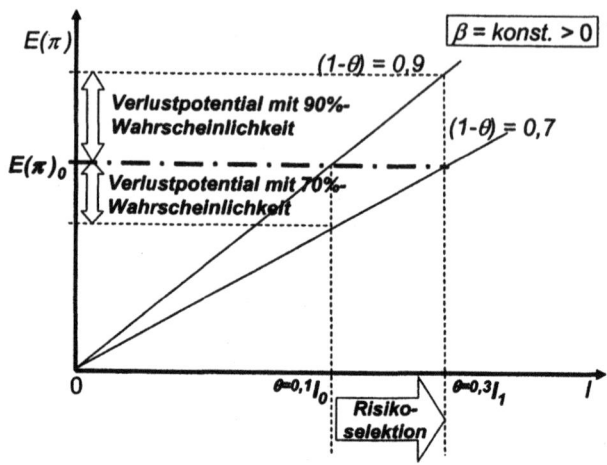

Abbildung 12: Stärke der Anreizwirkung zu Risikoselektion

Das heißt, das eingesparte Verlustpotential kann als Stärke der Anreizwirkung zur Risikoselektion interpretiert werden. Der hier vorgestellte Selektionsprozess entspricht trotz einiger Ähnlichkeiten noch nicht dem vollständigen Prozess der Adverse Selection; hierzu wäre die Modellierung eines Marktes notwendig[52].

Im Ergebnis kann festgehalten werden, dass unterhalb einer Gewinnwahrscheinlichkeit von 50% nicht Moral Hazard sondern Risikoselektion beobachtet werden kann. Hintergrund für diese Verhaltensweise ist der Zusammenhang zwischen erwartetem Gewinn und dem dafür eingegangenen Risiko. In Hochrisikogruppen ($\theta < 0{,}5$), bei denen die Verlustwahrscheinlichkeit höher ist als die Gewinnwahrscheinlichkeit, ist es für das Krankenhaus nicht mehr zielführend, Mo-

---

[52] Akerlof, G.: The Market of Lemons: Qualitative Uncertainty and the Market Mechanism, In: Quarterly Journal of Economics, 84. Jg. 1970, Heft 3, S. 488-500.

ral Hazard-Verhalten an den Tag zu legen, um das erwartete Gewinnpotential zu steigern. Vielmehr wird das Bestreben bei Hochrisiko-Gruppen eher sein, das Verlustrisiko durch Selektion zu minimieren, bzw. die betreffenden Patientengruppen ganz auszuselektieren, sofern dies möglich ist Ab dem gleichgewichtigen Erwartungsgewinn-Niveau von 50% ist wieder ein Anreiz zu Moral Hazard, also zur Reduktion der Behandlungsintensität, wie oben beschrieben, zu beobachten[53]..

6.4.1.3 Volumen Effekt

Der Volumen Effekt ist im Modell ein durch das Vergütungssystem herbeigeführter Anreiz, die Behandlungsintensität zu variieren, um gezielt mehr oder weniger Patienten anzulocken. Der Volumen Effekt kann positiv oder negativ sein, wobei auffällig ist, dass er in den Tabellen 1 bis 11 immer das entgegengesetzte Vorzeichen des Moral Hazard Effekts bzw. Risikoselektionseffekts hat. Hodgkin-McGuire kommen in ihrem Modell zu dem Ergebnis, dass der Volumen Effekt immer dann positiv ist, wenn die Vergütung (p) die Kosten (c) übersteigt und immer dann negativ ist, wenn die Kosten (c) die Vergütung (p) übersteigen.

Im hier vorgestellten Modell wurde die numerische Lösung mit einer konstanten Gewinnmarge ($p - c = 3$ €) berechnet, das heißt die Vergütung liegt in allen Fällen über den Kosten. Der vermeintliche Widerspruch zum Hodgkin-McGuire Ergebnis lässt sich durch die Beobachtung auflösen, dass ein negativer Volumen Effekt immer dann auftritt, wenn die Verlustwahrscheinlichkeit – die Wahrscheinlichkeit, dass die Kosten höher sind als die Vergütung – größer als 50% ($\theta < 0{,}5$) ist. Hingegen ist der Volumen Effekt immer dann positiv, wenn ein Gewinn mit einer Wahrscheinlichkeit größer als 50% ($\theta > 0{,}5$) erwartet

---

[53] In Deutschland wie auch in den meisten europäischen Staaten mit einem öffentlichen Krankenhauswesen ist dies aufgrund des gesetzlichen Kontrahierungszwanges nur begrenzt möglich. Ein gewisses Ausmaß an Risikoselektion ergibt sich jedoch aus der Möglichkeit bestimmte Fälle in Spezialkliniken zu überweisen.

wird. In den Fällen mit einer Gewinnwahrscheinlichkeit größer als 50%, dreht der positive Volumeneffekt die Erwartungsgewinngerade nach oben und reduziert, wie dargestellt, das Gewinnsteigerungspotential und somit die Anreizwirkung Moral Hazard zu begehen. Durch eine erhöhte Fallzahl kann also der Moral Hazard Anreiz im Einzelfall geschmälert werden (siehe Abbildung 13).

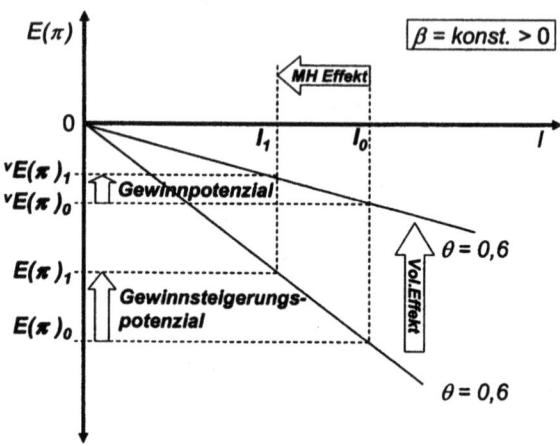

Abbildung 13: Volumen Effekt bei Variation der Gewinnwahrscheinlichkeit

In den Fällen mit einer Verlustwahrscheinlichkeit größer als 50% ($\theta <$ 0,5) tritt wie oben festgestellt nicht Moral Hazard, sondern Risikoselektion auf. Nun dreht der negative Volumeneffekt die Erwartungsgewinngerade nach unten und reduziert somit das Verlustpotential in einer gegebenen Risikoklasse (siehe Abbildung 14). Der Volumen Effekt verringert so den Anreiz, Patienten mit z.B. der Gewinnwahrscheinlichkeit $\theta = 0,4$ gegenüber den $\theta = 0,3$-Fällen vorzuziehen, weil das Verlustpotential der $\theta = 0,3$-Patienten in Bezug auf das risikostabile Erwartungsgewinn-Niveau zusammengestaucht wird. Durch eine geringere Fallzahl in einer Risikoklasse kann also der Anreiz zur Risikoselektion gemindert werden. Das heisst im Ergebnis:

Durch die wahrscheinlichkeitstheoretische Modellierung wird das Hodgkin-McGuire Ergebnis bezüglich des Volumen Effekts bestätigt und erweitert. Die Hypothese, dass bei Betrachtung mehrerer Fallarten (in diesem Modell mehrerer Risikoklassen pro Fallart) der Volumen Effekt einen Anreiz darstellt, die Fallzahlen in den profitablen

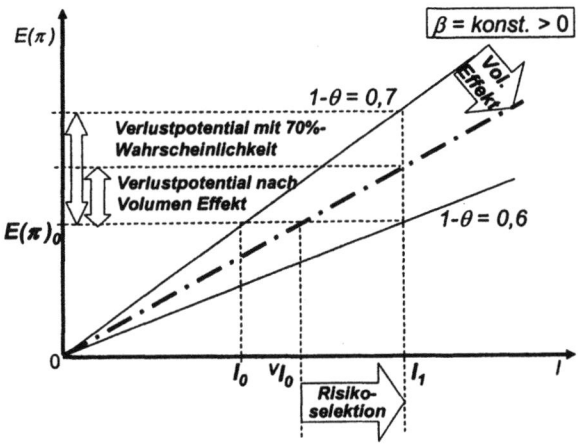

Abbildung 14: Volumen Effekt und Risikoselektion

Fällen zu erhöhen und in den nicht profitablen Fällen zu senken, kann bestätigt werden. Nicht nur ein Gewinn oder Verlust in absoluten Zahlen entscheidet über das Vorzeichen des Volumen Effekts, sondern allein schon die Wahrscheinlichkeit eines Gewinns oder Verlusts dreht das Vorzeichen des Volumen Effekts. Wird mit höherer Wahrscheinlichkeit ein Gewinn erwartet ($\theta > 0,5$), so ist der Volumen Effekt positiv und das Krankenhaus hat den Anreiz in diesen Patientengruppen höhere Fallzahlen zu generieren und die Behandlungsintensität auszudehnen, was dem Anreiz Moral Hazard zu begehen entgegenwirkt. Wird hingegen mit höherer Wahrscheinlichkeit ein Verlust erwartet ($\theta < 0,5$), ist der Volumen Effekt negativ und das Krankenhaus wird bestrebt sein, in diesen Patientengruppen die Fallzahlen zu verkleinern, was den Anreiz zur Risikoselektion im Krankenhaus abschwächt. Im Kontrast zu Hodgkin-McGuire ergibt sich immer ein zum

Moral Hazard Effekt bzw. Risikoselektionseffekt entgegengesetztes Vorzeichen des Volumen Effekts.

6.4.2 Variation der retrospektiven Kostenerstattung

In Abschnitt 6.4.1 wurden die Auswirkungen der Variation der Gewinnwahrscheinlichkeit (θ) analysiert. Nun wird der Fokus auf die Variation des Prozentsatzes der retrospektiven Kostenerstattung des Financiers (β) gerichtet und die Auswirkungen auf den erwarteten marginalen Gewinn $E(\pi_i)$, den Moral Hazard Effekt bzw. Risikoselektionseffekt $Xc'[(1-\beta)(2\theta-1)]$ sowie den Volumen Effekt $X'[(p-c)(2\theta-1)]$ analysiert. Die Ergebnisse in den Tabellen 12 bis 22 basieren nun auf konstanten θ-Werten und in 1/10-Schritten variierten β-Werten. Im Quervergleich der Tabellen 12 bis 22 bestätigen sich die schon zuvor gemachten Beobachtungen. Erstens, für das θ-Niveau 0,5 (Tabelle 16) sind weder marginale Gewinne noch Verluste zu erwarten. Zweitens, im Vergleich der Tabellen 12-16 und 16-22 wird deutlich, dass die Gewinne bzw. Verluste wieder gleichverteilt sind. Drittens, bei θ-Niveaus größer als 0,5 ist der Moral Hazard Effekt, für θ-Niveaus kleiner als 0,5 der Risikoselektionseffekt zu beobachten. Viertens, Volumen und Moral Hazard Effekt bzw. Risikoselektionseffekt haben durchwegs entgegengerichtete Vorzeichen. Beispielhaft sei die Tabelle 18a angeführt, anhand derer diese Gemeinsamkeiten der Tabellen 12 bis 22 deutlich werden.

Tabelle 18a: Variation der retrospektiven Vergütung bei θ = 0,7, p - c = 3 €

Erwartungswert m.Gew. $E(\pi_i)$	Volumen Effekt, X'	MH-Effekt, Xc'	β	θ
-34,34	0,22	-34,56	0,2	0,7
-30,02	0,22	-30,24	0,3	0,7
-25,70	0,22	-25,92	0,4	0,7
-21,38	0,22	-21,6	0,5	0,7
-17,06	0,22	-17,28	0,6	0,7
-12,74	0,22	-12,96	0,7	0,7
-8,42	0,22	-8,64	0,8	0,7
-4,10	0,22	-4,32	0,9	0,7
0,00	0,00	0	1	0,7

Die Tabellen 12 bis 22 sind wieder grafisch interpretierbar (siehe Abbildung 15). Es wird deutlich, dass bei einem gegebenen Gewinnwahrscheinlichkeitsniveau die Variation der retrospektiven Vergütung den Effekt hat, dass das Erwartungsgewinn- bzw. das Verlustpotential skaliert wird. Je höher β, desto niedriger ist das Erwartungsgewinn- bzw. das Verlustpotential pro Behandlungseinheit. Es kann auch hier bestätigt werden, dass in einem *rein retrospektiven* Vergütungs-

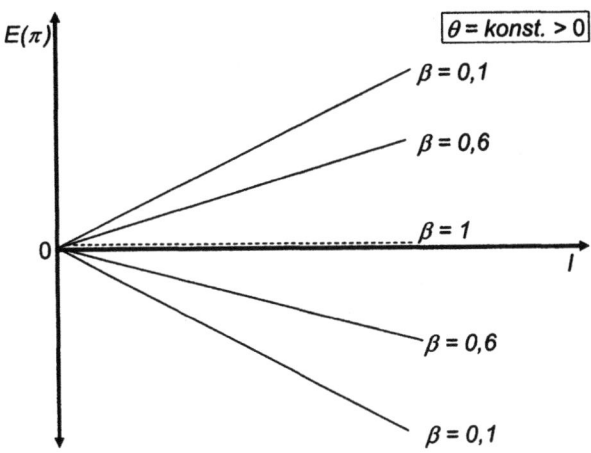

Abbildung 15: Variation von β bei konstanter Gewinnwahrscheinlichkeit

system (β = 1, in der Tabelle hervorgehoben) keine marginalen Gewinne zu erwarten und dementsprechend keine marginalen Kosten zu befürchten sind.Hieraus wird abermals der fehlende Anreiz zu kosten-sparendem Wirtschaften in retrospektiven Vergütungssystemen deutlich. In Folge sind auch der Moral Hazard und Volumen Effekt gleich Null.

6.4.2.1 Moral Hazard Effekt

Der Anreiz des Krankenhauses Moral Hazard-Verhalten an den Tag zu legen, kann vom Financier durch den Prozentsatz der retrospektiven Kostenübernahme in seiner Stärke gesteuert werden. Bei einer sicheren Gewinnerwartung (θ-Niveau = 1, Tabelle 21) tritt die maximale Moral-Hazard Anreizwirkung, also der maximale Anreiz Kosten in der Behandlung zu sparen für alle β-Niveaus auf.

Die Abbildung 16 verdeutlicht nochmals, dass das zu erwartenden Gewinnsteigerungspotential – also die Stärke der Moral Hazard Anreizwirkung – kleiner ist, je höher der Prozentsatz der retrospektiven Kostenerstattung des Financiers ist.

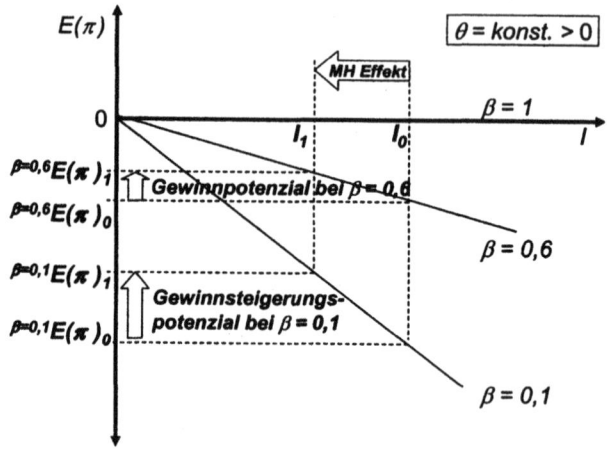

Abbildung 16: Moral Hazard Effekt bei Variation von β

6.4.2.2 Risikoselektion bei Patienten

Hat das Krankenhaus die Zielsetzung die Erwartungsgewinne auf einem bestimmten Risikoniveau zu halten, so ergibt sich der Anreiz zur Patientenselektion von der höheren Risikoklasse zur niedrigeren Risikoklasse. Mit diesem Vorgehen wird bezweckt, das Risiko für denselben Erwartungsgewinn zu minimieren. Steigt nun – wie in Abbildung 16 dargestellt – die retrospektive Kostengarantie des Financiers von z.B. $\beta = 0{,}1$ auf $\beta = 0{,}3$, so senkt dies das mögliche Verlustpotential in einer Risikoklasse, gemessen an der Benchmark $E(\pi_0)$.

Dies hat zur Folge, dass die Risikoselektionsanreizwirkung gemessen am Verlustpotential schwächer wird. Die Auswirkungen der β-Variation – der Variation der retrospektiven Kostenübernahme durch den Financier – auf den Risikoselektionseffekt sind in den Tabellen 12 bis 15 dargestellt. Die maximale Risikoselektionsanreizwirkung tritt bei einer Gewinnwahrscheinlichkeit von Null (Tabelle 22) auf.

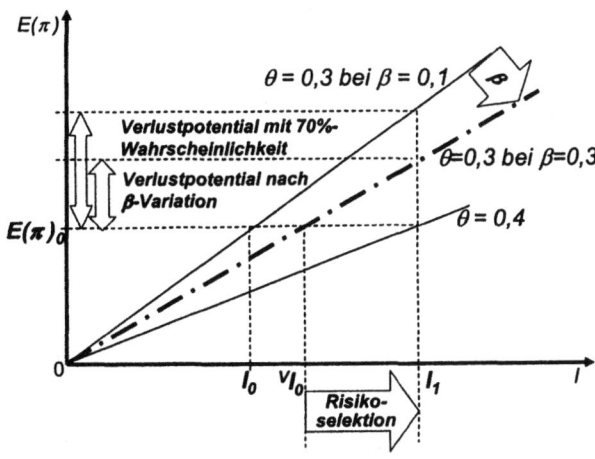

Abbildung 17: Risikoselektion bei Variation von β

6.4.2.3 Volumen Effekt

Auffällig ist, dass der Volumen Effekt auf Variationen von β *nicht* reagiert. Im Quervergleich der Tabellen 12 bis 22 wird deutlich, dass der Volumen Effekt in seinem Ausmaß ausschließlich von den verschiedenen Gewinnwahrscheinlichkeitsniveaus abhängt. Er ist bei sicheren Gewinnerwartungen (θ-Niveau=1, Tabelle 21) maximal positiv und bei sicheren Verlusterwartungen (θ-Niveau = 0, Tabelle 22) maximal negativ. Dies hängt damit zusammen, dass das absolute Ausmaß des Volumen Effekts *nicht* dadurch determiniert wird, zu welchem Zeitpunkt die Vergütung gewährt wird. Vielmehr ist die absolute Gewinnmarge (p - c) für die Stärke und die Eintrittswahrscheinlichkeit dieser

Gewinnmarge für die Höhe des Effekts ausschlaggebend. Um dies zu verdeutlichen, wurde die Tabelle 18a mit einer hypothetischen 10-fachen Gewinnmarge berechnet und in der untenstehenden Tabelle 18b dargestellt. Im Vergleich der beiden Tabellen wird deutlich, dass sich der Moral Hazard Effekt in seinem Ausmaß nicht verändert. Es ändert sich jedoch der Volumen Effekt und zwar ebenfalls um das 10-fache. Dementsprechend reduziert der Volumen Effekt den Erwartungswert der marginalen Gewinne drastischer als zuvor.

Tabelle 18a: Variation der retrospektiven Vergütung bei $\theta = 0{,}7$, $p - c = 3$ €

Erwartungswert m.Gew. $E(\pi)$	Volumen Effekt, X'	MH-Effekt, Xc'	β	θ
-38,66	0,22	-38,88	0,1	0,7
-34,34	0,22	-34,56	0,2	0,7
-30,02	0,22	-30,24	0,3	0,7
-25,70	0,22	-25,92	0,4	0,7
-21,38	0,22	-21,6	0,5	0,7
-17,06	0,22	-17,28	0,6	0,7
-12,74	0,22	-12,96	0,7	0,7
-8,42	0,22	-8,64	0,8	0,7
-4,10	0,22	-4,32	0,9	0,7
0,00	0,00	0	1	0,7

Tabelle 18b: Variation der retrospektiven Vergütung bei $\theta = 0{,}7$, $p - c = 30$ €

Erwartungswert m.Gew. $E(\pi)$	Volumen Effekt, X'	MH-Effekt, Xc'	β	θ
-36,66	2,22	-38,88	0,1	0,7
-32,34	2,22	-34,56	0,2	0,7
-28,02	2,22	-30,24	0,3	0,7
-23,70	2,22	-25,92	0,4	0,7
-19,38	2,22	-21,6	0,5	0,7
-15,06	2,22	-17,28	0,6	0,7
-10,74	2,22	-12,96	0,7	0,7
-6,42	2,22	-8,64	0,8	0,7
-2,10	2,22	-4,32	0,9	0,7
0,00	0,00	0	1	0,7

Das heißt, dass der Financier in zweierlei Hinsicht Einfluß auf den Volumen Effekt nehmen kann. In *direkter* Weise, indem er die Gewinnmarge des Krankenhauses ($p - c$) so einstellt, dass die Stärke des Effekts seinen Wünschen entspricht. Da aber ein positiver Volumen Effekt ein Risiko für den Financier ist, steht er vor dem Dilemma, einerseits die Gewinnmarge ($p - c$) möglichst gering halten zu wollen, um unerwünschte Kostenexplosionen in Niedrigrisiko Fallgruppen in ihrer Dimension zu minimieren. Andererseits wirkt ein positiver Volumen Effekt dem Anreiz entgegen, dass das Krankenhaus Moral Hazard im Arzt-Patient Verhältnis ausübt bzw. Risikoselektion betreibt, um Kosten zu sparen. Der Financier hat auch die Verpflichtung gegenüber seinen Versicherten für eine gute medizinische Versorgung zu sorgen.

In *indirekter* Weise kann der Financier über den Grad der Retrospektivität oder Prospektivität (durch β) Einfluss auf die positive oder negative Wirkungsstärke des Volumen Effekts nehmen. Wird nämlich β erhöht, so hat dies zwar keine Wirkung auf das absolute Ausmaß des Volumen Effekts, wohl aber auf die relative Stärke des Effekts im Vergleich zum Moral Hazard Effekt bzw. Risikoselektionseffekt. Eine Erhöhung von β führt dazu, dass der Volumen Effekt prozentuell mehr Gewicht bekommt, um den Moral Hazard Effekt bzw. Risikoselektionseffekt zu verringern. Vergleicht man in Tabelle 18a die erste mit der vorletzten Zeile, so ergibt sich, dass der Volumen Effekt zunächst nur $0{,}22/38{,}88 = 0{,}0057 =$ **0,6%** des Moral Hazard Effekts ausmacht, dann aber auf ein Ausmaß von $0{,}22/4{,}32 = 0{,}051 =$ **5%** des Moral Hazard Effekts anwächst. Skaliert man den Volumen Effekt über die Gewinnmarge höher, wie in Tabelle 18b geschehen, so ergibt sich eine Änderung von **6%** auf immerhin **51%** des Moral Hazard Effekts. Während im ersten Fall die prozentuellen Anteile gering sind, so hat der Volumen Effekt für die verschiedenen β-Niveaus im zweiten Fall doch erhebliche Signifikanz.

Dies kann als Ergebnis zusammengefasst werden:

Ist der Volumen Effekt absolut betrachtet gering, so trägt der Financier nur ein kleines Ausmaß an Risiko aus der möglichen Kostenexplosion durch Mengenausweitung medizinischer Leistungen, egal wie stark prospektiv oder retrospektiv das System gestaltet ist. Im Gegenzug ist das Moral Hazard- bzw. das Selektionsrisiko für den Patienten hoch. Wird jedoch dem Krankenhaus eine höhere Gewinnmarge durch den Financier zugestanden und folglich der Volumen Effekt erhöht, so trägt der Financier ein grösseres Risiko aus der nun höher möglichen Kostenexplosion durch Mengenausweitung medizinischer Leistungen. Im Gegenzug verringert sich das Risiko der Patienten, Opfer von Moral Hazard oder Risikoselektion zu werden. Der Financier ist also besser gestellt, je kleiner die mögliche Gewinnmarge des Krankenhauses ist.

6.5 Zusammenfassung der Ergebnisse

Im Rahmen der Zusammenfassung werden zunächst die Ergebnisse des Modells zusammengestellt. Im darauf folgenden Unterpunkt werden mögliche Schwachstellen des Modells diskutiert.

6.5.1 Ergebnisse des Modells

Ergebnis 1

Zunächst wurde – wie schon bei Hodgkin-McGuire – festgestellt, dass nur ein Finanzierungssystem mit prospektivem Charakter ($\alpha > 0$ und $0 \leq \beta < 1$) ein Moral-Hazard Anreiz in der Arzt-Patient-Beziehung implementiert wird. Allerdings ist für die Stärke der Anreizwirkung nicht nur die Vergütungssystematik ausschlaggebend, sondern auch die Gewinn- bzw. Verlusteinschätzung des Krankenhauses im entsprechenden Patientenfall.

Ergebnis 2

Die Stärke der Anreizwirkung zu Moral Hazard im Arzt-Patient Verhältnis hängt von der Gewinnwahrscheinlichkeit des Patientenfalles ab. Je höher die Gewinnwahrscheinlichkeit, desto stärker ist die Moral Hazard Anreizwirkung. Die Moral Hazard-Anreizwirkung kann aber vom Financier durch den Prozentsatz der retrospektiven Kostenübernahme β beeinflußt werden. Der Financier kann durch ein höheres β dem Moral Hazard-Verhalten entgegenwirken.

Ergebnis 3

Unterhalb einer Gewinnwahrscheinlichkeit von 50% kann nicht Moral Hazard Verhalten, sondern Risikoselektion beobachtet werden. Ist in einem Patientenfall die Verlustwahrscheinlichkeit höher als die Gewinnwahrscheinlichkeit, so ist es für das Krankenhaus nicht mehr sinnvoll durch Moral Hazard-Verhalten Kosten einzusparen. Vielmehr wird in Hochrisiko-Gruppen das Patientengut selektiert, um das Verlustrisiko so gut es geht zu minimieren. Je höher das Verlustrisiko ist, desto stärker ist die Anreizwirkung zur Risikoselektion zwischen Hochrisiko-Gruppen. Der Financier kann durch ein höheres β dem Risikoselektionsverhalten entgegenwirken.

Ergebnis 4

Bezüglich des Volumen Effekts können die Ergebnisse von Hodgkin-McGuire erweitert werden. Allein schon die Wahrscheinlichkeit eines Gewinns oder Verlustes determiniert den Anreiz Fallzahlen in den entsprechenden DRGs zu erhöhen oder zu senken. Wird mit höherer Wahrscheinlichkeit ein Gewinn erwartet *(θ > 0,5)*, so ist der Volumen Effekt positiv und das Krankenhaus hat den Anreiz in diesen Patientengruppen höhere Fallzahlen zu generieren. Dies wirkt dem Moral Hazard-Anreiz entgegen. Wird hingegen mit höherer Wahrscheinlichkeit ein Verlust erwartet *(θ < 0,5)*, ist der Volumen Effekt negativ und das Krankenhaus wird bestrebt sein, in diesen Patientengruppen die Fallzahlen zu verkleinern. Dies wirkt dem Anreiz zur Risikoselektion entgegen. Im Kontrast zu Hodgkin-McGuire ergibt sich *immer* ein zum Moral Hazard Effekt bzw. Risikoselektionseffekt entgegengesetztes Vorzeichen des Volumen Effekts.

Ergebnis 5

Eine kleine Gewinnmarge bedingt einen geringen Volumen Effekt. Der Financier trägt dann nur ein kleines Ausmaß des Risikos aus einer möglichen Kostenexplosion durch Mengenausweitung medizinischer Leistungen. Dies ist unabhängig davon, wie stark prospektiv oder retrospektiv das System gestaltet ist. Im Gegenzug ist in so einer Situation das Moral Hazard-Risiko bzw. das Selektionsrisiko für den Patienten hoch. Wird jedoch dem Krankenhaus eine höhere Gewinnmarge durch den Financier zugestanden, erhöht sich der Volumen Effekt. Der Financier trägt dann ein höheres Risiko aus der nun höher möglichen Ko-stenexplosion durch Mengenausweitung medizinischer Leistungen. Im Gegenzug verringert sich aber das Risiko des Patienten, Opfer von Moral Hazard oder Risikoselektion zu werden. Der Financier ist also besser gestellt, je kleiner die mögliche Gewinnmarge des Krankenhauses ist. Der Patient hingegen ist verhältnismäßig besser gestellt, je höher die mögliche Gewinnmarge des Krankenhauses ist.

6.5.2 Mögliche Kritikpunkte des Modells

In der Entwicklung des Modells kristallisierten sich zwei zentrale Annahmen heraus, die für die ökonomische Interpretation und mathematische Durchführbarkeit des Modells entscheidend waren. Diese Annahmen werden im Folgenden beschrieben.

6.5.2.1 Symmetrische Verteilung der Gewinne und Verluste

Zentral für die Modellierung ist die symmetrische Verteilung der Gewinn- und Verlust*beträge*, die in der Formulierung des vom Krankenhaus erwarteten Gewinns in Gleichung (15) angenommen wird. Die Zufallsvariable „Gewinn in einer Fallgruppe ($R - TC$, bzw. $p - c$)" ist betragsmäßig gleich hoch, wie die Zufallsvariable „Verlust in dieser entsprechenden Fallgruppe ($TC - R$, bzw. $c - p$)". Ist dies realistisch? In der Gesundheitsökonomik wird der schwer zu messende Ressourcenverbrauch im Krankenhaus oftmals durch die Verweildauer des Patienten im Krankenhaus pro Tag (*length of stay, LOS*) approximiert. Dies ist eine gute Approximation für die entstandenen Kosten, weil der Block der sog. „Hotelkosten" (die Leistungsvorhaltung für die Versorgung des Patienten in der Tages- bzw. Nachtzeit) einen Großteil der Gesamtkosten ausmacht. Durch die symmetrische Verteilung der Gewinn- und Verlustbeträge kommt man der Realität insofern nahe, als dass jeder unvorhergesehene Tag im Krankenhaus sofort einen hohen Verlust für das betreffende Haus bedeuten kann. Sofern sich die Vergütung des Falles, wie in der Praxis üblich, auf eine landes- oder bundesweit errechnete durchschnittliche Verweildauer bezieht, ist das Modell realitätsnah, weil angenommen werden kann, dass sich die Vergütung (p) stark an den Kosten (c) orientiert und somit p und c nicht sehr weit auseinanderklaffen.

Beispiel

Kosten pro Krankenhaustag als Schätzung für Gesamtkosten des Falles:	$c = 10$ €
Durchschnittliche Verweildauer in Tagen:	$t = 2$
Durchschnittliche Gesamtkosten der Fallgruppe:	$ac = 20$ €
Vergütung der DRG:	$p = 23$ €
Gewinn, sofern der Fall im Rahmen der durchschnittlichen Verweildauer ist:	$p - c = 23 - 2*10$ € $= 3$ €

Aus medizinischen Gründen übersteige nun die Verweildauer des Patienten den durchschnittlichen Wert von zwei Tagen um einen Tag auf drei Tage ($t = 3$). Es handelt sich also um einen Ausreißer von der nationalen oder landesweiten, durchschnittlichen Verweildauer, die als Berechnungsgrundlage für die Vergütung $p = 23$ € herangezogen wurde. Bei den obigen Annahmen ergibt sich ein Verlust in Höhe von 7 €:

$p - c = 23 - 3*10 = -7$ € *mit real entstandenen Kosten iHv.* $rc = 30$ €

Es wäre unrealistisch anzunehmen, dass die Vergütung (*p*) in Verhandlungen zwischen Leistungserbringer und Financier so eingestellt würde, dass sie sich stark von den durchschnittlichen Gesamtkosten (*ac* = 20 €) in der Fallgruppe entfernt.

Damit das Krankenhaus im Falle eines Ausreißers nach wie vor einen Gewinn von 3 € realisieren könnte, müßte die Vergütung *p* = 33 € betragen, also um 65% über den nationalen oder landesweit berechneten, durchschnittlichen Gesamtkosten in der Fallgruppe liegen. Wieso sollte ein Financier in Verhandlungen so hohen Margen *im Durchschnitt pro Fall* zustimmen? Dies wäre unrealistisch, vor allem weil der Financier dadurch sein Volumen-Effekt-Risiko erhöhen würde. Realistischer wäre hier eine gesonderte Vergütung des Ausreißerfalles, wie dies auch in der Praxis vorgenommen wird. Im Modell wird durch die Annahme der symmetrischen Verteilung der Gewinn- bzw. Verlustbeträge die Möglichkeit berücksichtigt, dass der betreffende Patient länger im Krankenhaus verweilt, als dies bundes- oder landesweit durchschnittlich der Fall ist und somit ein Verlust zumindest in Höhe des erwarteten Gewinns resultiert.

6.5.2.2 Erwartungswert des Gewinngleichungsansatzes

Ökonomisch betrachtet, entspricht der in Gleichung (14a) formulierte Ansatz einem Spiel bei dem eine nicht-gezinkte Münze geworfen wird, die mit 50%-iger Wahrscheinlichkeit auf „Kopf" und mit 50%-iger Wahrscheinlichkeit auf „Zahl" fällt und bei dem bei „Kopf" 1 € gewonnen und bei „Zahl" 1 € verloren wird. Bei einer *großen Anzahl* an Versuchen wird die Münze genau so oft auf „Kopf" wie auf „Zahl" fallen. Würde man sich auf ein Spiel mit z.B. 1000 Würfen einlassen, bei dem man für jedes Mal „Kopf" 1 € bekommt und für jedes Mal „Zahl" 1 € abgezogen wird, so wäre dies ziemlich töricht, weil man bei einer *großen Anzahl* an Versuchen einen Gewinn von 0 € zu erwarten hätte. Allerdings ist zu beachten, dass der Erwartungswert einer Zufallsvariablen jener Wert ist, von dem man sich „erwartet", dass er sich bei einer *oftmaligen Wiederholung* des Experiments *durchschnittlich* ergibt. Errechnet sich als der gewogene Durchschnitt der möglichen Ergebnisse e_{ij} gewichtet mit ihren Eintrittswahrscheinlichkeiten p_j[54].

(24) $$E(e_i) = \pi_i = \sum_{j=1}^{n} e_{ij} p_j$$

Der Erwartungswert kann allerdings bei *einem einzelnen Experiment unmöglich sein, wie dies am Münzwurf deutlich wird (es kann immer nur 1 € gewonnen oder verloren werden, niemals aber 0 €).*

Im gesundheitsökonomischen Setting ist das Spielen des „Spiels" mit $E(\pi_i)=0$ bei der Eintrittswahrscheinlichkeit $\theta = 0{,}5$ alles andere als töricht. Es ist für DRG-Systeme typisch, dass in vielen Fallgruppen (DRGs) auf der Krankenhausebene nur geringe Patientenzahlen zu beobachten sind (n < 100). Je genauer in einem DRG-System klassifiziert wird – je genauer also der Fall aus medizinischer Sicht definiert wird – desto geringer sind die Fallzahlen, die in dieser DRG erfasst werden[55]. Dies bedeutet, dass in der Realität nicht von einer großen Anzahl an Beobachtungen ausgegangen werden kann. Von einer statistisch oftmaligen Wiederholung des Experiments (n>1000) kann also in vielen DRGs nicht die Rede sein. Spielt man das oben beschriebene Spiel mit $E(\pi_i)=0$ mit wenigen Münzwürfen (z.B. n=10), so können in Summe durchaus Gewinne oder Verluste realisiert werden, auch wenn dies im Erwartungswert nicht widergespiegelt wird. Insofern entspricht das Modell der Realitätsanforderung kleiner Fallzahlen in DRGs.

---

[54] Schmidt R., Terberger E.: Grundzüge der Investitions- und Finanzierungstheorie. 4. Aufl., Wiesbaden 1997, S.283.
[55] Die genaue Klassifikation in der DRG-Systematik ist deshalb wünschenswert, weil dies zur ökonomischen Homogenität der Fallgruppen beiträgt. Dies bedeutet, dass medizinisch und kostenmäßig gut vergleichbare Fälle in der einer DRG zusammengefasst werden.Vgl. hierzu auch Abschnitt 7.4.1

Eine weitere mögliche Interpretation lautet, dass die Kosten eine Normalverzinsung des eingesetzten Kapitals schon beinhalten und somit $E(\pi_i)$ Null betragen kann, ohne dass die Existenz des Krankenhauses bedroht würde. Dann wäre jeder Gewinn überhalb der θ = 0,5-Grenze als Profit zu interpretieren, der über die Normalverzinsung des Kapitals hinausgeht.

6.5.2.3 Möglichkeiten der Modellerweiterung

Das Modell vereinfacht die Risikobetrachtung insofern, als dass keine realen Kostenverteilungen, sondern eine symmetrische Gleichverteilung der Gewinn- bzw. Verlustbeträge in *einer Fallgruppe* angenommen wird. Empirisch ist dies bei der Betrachtung *mehrerer* Fallgruppen kaum haltbar. Beispielsweise entspricht in den U.S.A. die Verteilung der *über alle Fallgruppen aggregierten* Gewinn- bzw. Verlustmargen ($p - c$) im Medicare-Bereich am ehesten einer Normalverteilung[56]. Um dies in die Betrachtung zu integrieren, müsste das Modell jedoch nicht nur die Behandlung einer Fallgruppe, sondern die gleichzeitige Behandlung *mehrerer* Fallgruppen zulassen. Dadurch könnte auch eine realistischere Wahrscheinlichkeitsverteilung der über verschiedene DRGs aggregierten Gewinn- bzw. Verlustmargen ($p - c$) betrachtet werden. Des weiteren könnte man die Risikoaversion nicht nur *indirekt* über $E(\pi)$ auf die Variable *I* beziehen, sondern versuchen einen *direkten* Bezug herzustellen. Hierbei wäre es sinnvoll auch die Qualitätsdimension der Behandlung in Betracht zu ziehen.

---

[56] Medicare Payment Advisory Commission (MedPAC): Accounting for variation in hospital financial performance under prospective payment. 2003. S. 42. http://www.medpac.gov/publications/congressional_reports/June03_Ch3.pdf. Stand: 22.06.2005

7 Finance Konzepte in der Gesundheitsökonomik

Bisher wurde versucht, Erklärungsmuster für die Art der Risiken und die Risikoursachen, mit denen sich die drei Hauptakteure im Krankenhauswesen konfrontiert sehen, zu finden. Hierbei kam im Modell des Autors der Risikogedanke durch die Gewinnwahrscheinlichkeit θ zum Ausdruck. Nun wird aus gesamtwirtschaftlicher Sicht der Einsatz der Portfolio-Theorie in gesundheitsökonomischen Evaluationsstudien beleuchtet, um „Risiko" greif- und steuerbar zu machen. Es wird hierbei der Risikobegriff erweitert und explizit die *Qualität* bzw. der *Nutzen* der erbrachten medizinischen Leistung im Verhältnis zu den entstandenen Kosten evaluiert.

Abschließend wird in den Abschnitten 7.3 und 7.4 ausschließlich der Leistungserbringer – das Krankenhaus – in den Mittelpunkt der Überlegungen gestellt. Es steht die Frage im Zentrum, wie ein Krankenhaus im Rahmen der DRG-Systematik am besten auf die unsichere Umwelt reagieren könnte.

7.1 Grundzüge der Portfolio-Theorie

In Sprichwörtern vieler Kulturen kommt die Idee zur Portfolio-Diversifikation zum Ausdruck. Im deutschen Sprachraum lautet eine alte Weisheit bei Entscheidungen unter Unsicherheit, man solle nicht alles „auf eine Karte" setzen. Im anglo-saxonischen Raum kommt dieselbe Idee im Sprichwort „Don't put all your eggs in one basket – Lege nicht alle Eier in einen Korb" zum Ausdruck.

Markowitz[57] begründete als erster unter Einsatz der Mathematik diese alten Weisheiten und ermöglichte durch seine Theorie die Berechnung optimal diversifizierter Portfolios. Er nennt also Gründe für die Art und Weise, wie ein Anleger sein Portfolio am besten zusammensetzen sollte, vorausgesetzt er ist risikoscheu und präferiert hohe

---
[57] Markowitz, Harry: Portfolio Selection. In: Journal of Finance, 7. Jg. 1952, S. 77-91.

Renditen gegenüber niedrigen Renditen. Im Markowitz-Modell wird von den folgenden Annahmen ausgegangen[58]:

- Die Investoren sind risikoavers und renditeorientiert. Sie entscheiden nach dem Kriterium Risiko/Ertrag in Form der erwarteten Rendite und der damit verbundenen Standardabweichung der Rendite (μ/σ-Prinzip)

- Der Anleger hat einen Planungszeitraum von einer Periode

- Der Anleger hat die „Freiheit der Auswahl" und kann sich aussuchen in welches Wertpapier er investiert

- Der Anleger hat eine Vorstellung über die Korrelationen zwischen den Renditen einzelner Wertpapiere

- Die Preise für identische Assets sind für alle Marktteilnehmer gleich (vollkommener Kapitalmarkt)

- Alle Assets sind beliebig teilbar (vollständiger Kapitalmarkt)

- Das Budget wird komplett investiert

Zentral für die mathematische Umsetzung der Idee sind die Annahmen über die Messung von Ertrag und Risiko einer Aktie[59]. Der Ertrag wird als Erwartungswert der Rendite $E(\tilde{r}_i)$ der Aktie „i" definiert und berechnet sich als Differenz aus dem unsicheren Kurs am Ende der Anlageperiode $\tilde{K}_1$ und dem gegenwärtigen Börsenkurs K_0, bezogen auf den gegenwärtigen Börsenkurs K_0.

---

[58] Schredelseker, K.: Portefeuilletheorie – Eine Einführung. 2. Auflage, Innsbruck 1995, S.6.
[59] Die mathematische Formulierung der Variablen orientiert sich an der Darstellung in Schmidt R., Terberger E.: Grundzüge der Investitions- und Finanzierungstheorie. 4. Aufl., Wiesbaden 1997, S. 312-340.

(25) $$E(\tilde{r}_i) = \mu = \frac{\tilde{K}_1 - K_0}{K_0}$$

Der Erwartungswert eines Aktienportfolios mit zwei Aktien entspricht den mit den Portfolioanteilen x_1 und x_2 gewichteten Erwartungsrenditen der Aktie 1 und 2 und ergibt sich somit als Durchschnittsertrag der Aktien im Portfolio:

(26) $$E(\tilde{r}_p) = \mu_p = \sum_{j=1}^{n} x_1 r_{1j} p_j + \sum_{j=1}^{n} x_2 r_{2j} p_j = x_1 \mu_1 + x_2 \mu_2$$

Als Risiko wird die Standardabweichung vom Erwartungswert der Aktienrendite definiert. Sie ergibt sich aus der Varianz der Rendite der Aktie i zu:

(27) $$\sigma_i = \sqrt{\text{var}(\tilde{r}_i)} = \sqrt{\sum_{j=1}^{n} (r_{ij} - \mu_i)^2 p_j}$$

Der entscheidende Punkt in der Portfolio-Theorie ist nun, dass das Portfolio-Risiko nicht einfach einen Durchschnittswert der Einzelrisiken der Aktien darstellt, so wie dies beim Portfolio-Ertrag der Fall ist. In das Risiko-Kalkül des Portfolios fließt zusätzlich die Tatsache mit ein, dass sich bestimmte Aktienkurse gleichförmig bewegen können, andere hingegen entgegengesetzte Richtungen bei der Kursbewegung aufweisen. Ein gutes Beispiel hierfür sind Aktien von Luftfahrt- und Ölfördergesellschaften. Steigt der Ölpreis so verdienen die Ölproduzenten mehr, aber die Luftfahrtgesellschaften müssen höhere Kerosinpreise bezahlen, die ihre Gewinnmargen drücken. Des Einen Gewinne sind des Anderen Verluste. Es steht zu erwarten, dass auf die Nachricht eines steigenden Ölpreises die Aktien von Ölproduzenten Kurszuwächse verzeichnen werden, während die Aktien von Luftfahrtgesellschaften Kursverluste hinnehmen müssten. Wer ein Portfolio besitzt, in dem ausschließlich Aktien von Ölgesellschaften enthalten sind, ist in Zeiten steigender Ölpreise gut, in Zeiten sinkender Ölpreise sehr schlecht beraten. Wer hingegen Öl- und Luftfahrtgesellschaften in seinem Portfolio hält, kann eventuell die Kursgewinne der einen Aktie mit den Kursverlusten der anderen ausgleichen und hat deswegen ein geringeres Portfolio-Risiko, als im Falle eines einseitigen Investments in nur einer Branche. Allerdings muss für ein geringeres Portfolio-Risiko auch eine geringere erwartete Rendite des Portfolios im Vergleich zur Einzelanlage in Kauf genommen werden.

Dieser Zusammenhang der Gleich- oder Gegenläufigkeit zweier Zufallsvariablen wird mathematisch im Korrelationskoeffizienten zum Ausdruck gebracht. Er ist die Kovarianz zweier Aktien – als Maß für die Gleich- bzw. Gegenläufigkeit – dividiert durch das Produkt der Standardabweichungen der Aktien, welches als Normierungsgröße dient.

(28) $$\rho_{1,2} = \frac{\text{cov}(\tilde{r}_1, \tilde{r}_2)}{\sqrt{\text{var}(\tilde{r}_1) \cdot \text{var}(\tilde{r}_2)}} = \frac{\sigma_{12}}{\sigma_1 \cdot \sigma_2}$$

bzw. als Umkehrung

(29) $$\sigma_{12} = \text{cov}(\tilde{r}_1, \tilde{r}_2) = \sigma_1 \sigma_2 \rho_{12}$$

Der Korrelationskoeffizient $\rho_{1,2}$ bewegt sich zwischen den Grenzen +1 und −1, wobei +1 für die perfekt positive Korrelation (perfekte Gleichläufigkeit) und −1 für die perfekt negative Korrelation (perfekte Gegenläufigkeit) steht.

Rechnerisch ergibt sich das Portfolio-Risiko als die Summe der Varianzen der einzelnen Aktien. Zur Berechnung der Varianz der Summe zweier Zufallsvariablen ist die Kovarianz nötig, da per Definition gilt:

(30) $$\text{var}(\tilde{r}_1 + \tilde{r}_2) = \text{var}(\tilde{r}_1) + \text{var}(\tilde{r}_2) + 2\,\text{cov}(\tilde{r}_1, \tilde{r}_2)$$

Unter Verwendung der Definition aus Gleichung (30), ergibt sich das Portfolio-Risiko zweier mit den Faktoren x_1 und x_2 gewichteter Aktien zu:

$$(31) \quad \sigma_p = \sqrt{\operatorname{var}(x_1 \tilde{r}_1 + x_2 \tilde{r}_2)} = \sqrt{x_1^2 \sigma_1^2 + x_2^2 \sigma_2^2 + 2 x_1 x_2 \sigma_{12}}$$

Wie ersichtlich, geht die Kovarianz σ_{12} in das Portfoliorisiko ein, so dass das Portfolio-Risiko je nach Vorzeichen der Kovarianz mehr oder weniger als die Summe der gewichteten Einzelrisiken der Aktien sein kann. Formuliert man die Kovarianz σ_{12} als Ausdruck des Korrelationskoeffizienten $\rho_{1,2}$, wie in Gleichung (29), und setzt dies in Gleichung (31) ein, so wird im letzten Term unter der Wurzel deutlich, wie der Gedanke der Gleich- bzw. Gegenläufigkeit zweier Aktienkurse das Portfolio-Risiko beeinflusst:

$$(32) \quad \sigma_p = \sqrt{x_1^2 \sigma_1^2 + x_2^2 \sigma_2^2 + 2 x_1 x_2 \underbrace{\sigma_{12}}_{=\text{cov}}} = \sqrt{x_1^2 \sigma_1^2 + x_2^2 \sigma_2^2 + 2 x_1 x_2 \underbrace{\sigma_1 \sigma_1 \rho_{12}}_{=\text{cov}}}$$

Grafisch wird der Einfluss der Korrelation im Risiko/Ertrag-Diagramm deutlich. Die Kurve stellt die Risiko-Ertrags-Werte möglicher Portfolio-Kombinationen aus der Aktie A und B dar, wenn die Renditen nicht vollkommen korreliert sind. Die Gerade zwischen A und B stellt hingegen den Sonderfall vollkommen positiver Korrelation dar. In diesem Sonderfall stehen Risiko und Ertrag in einem konstanten linearen Austauschverhältnis.

Der Fall perfekt negativer Korrelation entspricht linear genau gegenläufiger Renditen zweier Wertpapiere. Wichtig ist, dass das gesamte dem Investor zur Verfügung stehende Budget entlang der Kurve auf die Aktien A und B aufgeteilt wird. Im Punkt B wird das Budget komplett in Aktie B investiert, in Punkt A komplett in Aktie A.

Zur Bestimmung der optimalen Portfolio-Mischung im Falle mehrerer Aktien, müssen nun die „effizienten Portfolios" identifiziert werden. „Ein Portfolio heißt dann effizient, wenn es kein anderes gibt, das bei

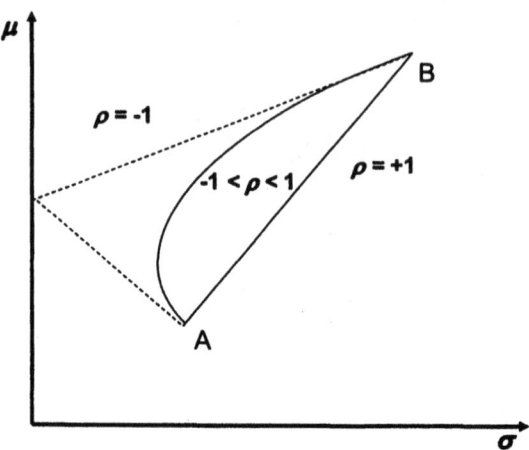

Abbildung 18: Diversifikationseffekt bei unterschiedlicher Korrelation

(mindestens) ebenso hohem Ertrag ein geringeres Risiko oder bei höchstens gleich großem Risiko einen höheren Ertrag aufweist[60]."

In Abbildung 19 wird dies durch die Identifikation des Minimumvarianzportfolios mit den Koordinaten μ' / σ_{min} deutlich. Unterhalb von μ' befinden sich auf der Parabel die *nicht-effizienten* Portfolios, da diese Aktienkombinationen einen geringeren Ertrag aber ein höheres Risiko aufweisen, als die Kombination des Minimumvarianzportfolios. Der „effiziente Ast" aller möglichen Portfolios beginnt oberhalb von μ'. Betrachtet man nun die schrittweise Einbeziehung mehrerer Aktien, so ergibt sich eine Verschiebung der effizienten Portfolios nach links oben, bis die „Effiziente Grenze" erreicht ist, die alle Portfoliozusammensetzungen enthält, in denen der Diversifikationseffekt vollständig ausgenutzt wird.

---

[60] Schmidt/Terberger 1997, S. 326.

FINANCE KONZEPTE IN DER GESUNDHEITSÖKONOMIK 115

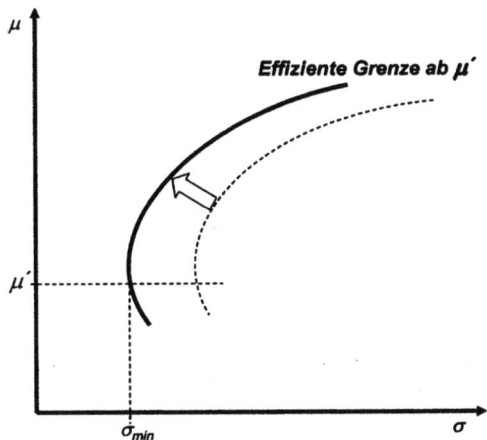

Abbildung 19: Effiziente Grenze und Minimumvarianzportfolio

Ist die effiziente Grenze der möglichen Wertpapierkombinationen gefunden oder wird diese als bekannt angenommen[61], so kann der Investor das optimale Portfolio auf Basis seiner subjektiven Bewertung von Risiko und Ertrag bestimmen.

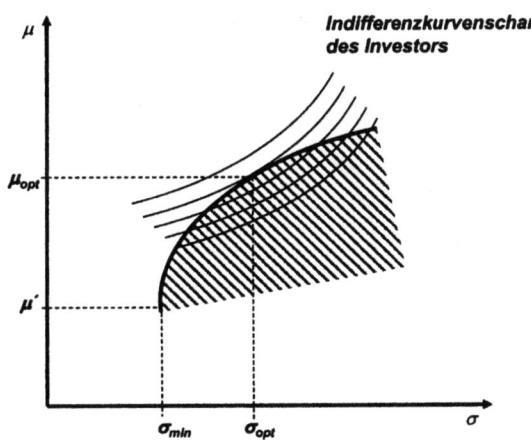

Abbildung 20: Optimales Portfolio

---

[61] Bei der Bestimmung der effizienten Grenze handelt es sich um eine parametrische Optimierungsaufgabe.

Das optimale Portfolio ergibt sich dementsprechend als Tangentiallösung zwischen den konvexen Indifferenzkurven des risikoaversen Investors und der effizienten Grenze. In Abbildung 20 hat das optimale Portfolio die Koordinaten μ_{opt} / σ_{opt}. Alle Portfolio-Kombinationen, die unterhalb der effizienten Grenze, im schraffierten Bereich liegen, sind *nicht-effizient*, das heißt für jedes dieser Portfolios lässt sich mindestens ein anderes Portfolio finden, das entweder bei gleichem Ertrag ein geringeres Risiko aufweist oder bei gleichem Risiko einen höheren Ertrag erwarten lässt.

Eine wichtige Erweiterung der Portfolio-Theorie erfolgte durch das Separationstheorem von James Tobin[62]. Das Entscheidungsproblem des Investors kann laut Tobin in *zwei* Teile zerlegt werden, sofern man eine risikolose Anlagemöglichkeit miteinbezieht, z.B. eine Staatsanleihe mit dem „risikolosen" Zinssatz r_f. In der ersten Teilentscheidung wird die risikobehaftete Geldanlage geplant.

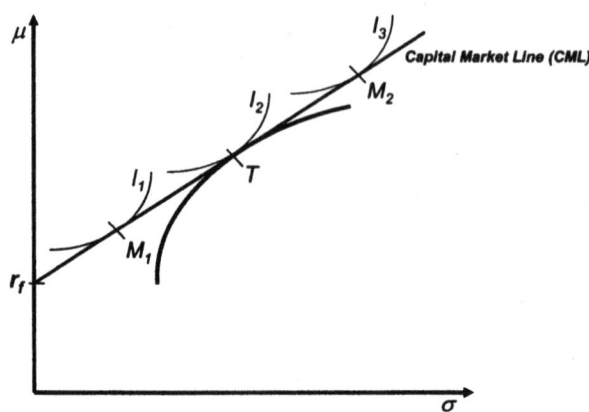

Abbildung 21: Separationstheorem von Tobin

---

[62] Tobin, J.: Liquidity Preference as Behavior Towards Risk. In: Review of Economic Studies, 1958 Nr.67, S. 65-86.

Dabei wird *unabhängig von den Risikopräferenzen* des Investors die Zusammensetzung des risikobehafteten Portfolios bestimmt (in Abbildung 21 das Tangentialportfolio *T*, das z.B. nur aus Aktien besteht). Im zweiten Teil des Entscheidungsproblems wird die Risikoneigung des Anlegers durch die Geldanlage zum sicheren Zinssatz oder durch Kreditaufnahme berücksichtigt. In der Grafik investiert der Investor entlang der „Capital Market Line (CML)", der Tangente an die effiziente Grenze der Aktienportfolios. Die Investitionsentscheidung erfolgt gemäß seinen Risiko/Ertragspräferenzen, die durch unterschiedliche Indifferenzkurven zum Ausdruck gebracht werden (I_1 bis I_3).

Der Investor, der sich für das Mischportfolio M_1 entscheidet, investiert ca. die Hälfte seines Budgets in die risikolose Anlage zum Zinssatz r_f und die andere Hälfte des Budgets in die risikobehaftete Anlage, dem Tangentialportfolio *T*, das z.B. nur aus Aktien besteht. Entscheidet sich der Investor für das Mischportfolio M_2, so ist sein Budget schon gänzlich im Tangentialportfolio investiert. Er erhöht aber zusätzlich sein Risiko durch die Aufnahme eines Kredits zum Zinssatz r_f, den er nochmals in das Tangentialportfolio investiert, um seine Erwartungsrendite zu erhöhen. Das Risiko der resultierenden Mischportfolios aus der sicheren und der riskanten Anlage steigt in Tobins Modell linear mit dem riskanten Portfolioanteil *T*. Die effiziente Linie der möglichen Portfolios ist somit nicht mehr die konkave Kurve, sondern die „Capital Market Line (CML)".

7.2 Die Portfolio-Theorie in der Gesundheitsökonomik

Ausgehend von der Darstellung des grundlegenden Entscheidungsproblems, wird nun die Anwendung der Portfolio-Theorie in gesundheitsökonomischen Evaluationsstudien anhand einer Literaturübersicht diskutiert.

7.2.1 Das grundlegende Entscheidungsproblem

„Health-Care Manager" auf den verschiedenen Ebenen des Gesundheitswesens stehen oftmals vor dem Problem, entscheiden zu müssen, welche medizinische Maßnahme aus einer Summe von Maßnahmen bei einem gegebenen Budget ausgewählt werden sollte. Naheliegend ist es, die Dimensionen des Nutzens (i. S. d. Ertrags der medizinischen Maßnahme für die Bevölkerung) und der Kosten (i.S.d. monetären Kosten) zu betrachten. Die Nutzenmessung erfolgt hierbei oftmals in QUALYs (= quality adjusted life years), die Kostenmessung in Geldeinheiten.

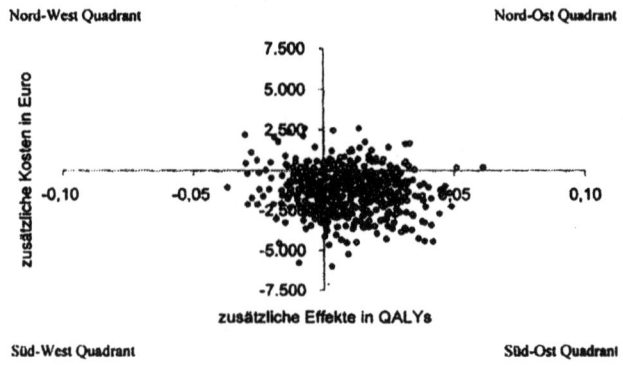

Abbildung 22: Kosten/Nutzen-Portfolio medizinischer Maßnahmen (Quelle: Leidl/Schweikert)

Abbildung 22 stellt eine typische Verteilung medizinischer Maßnahmen im Kosten/Nutzen-Diagramm dar.

Jede medizinische Maßnahme wird durch einen Punkt symbolisiert, dem eine eindeutige inkrementelle Kosten-/Nutzenrelation zugeordnet ist. Die Mehrzahl der medizinischen Maßnahmen liegt im Süd-Ost Quadranten des Diagramms und ist durch positive QUALYs und negative inkrementelle Kosten gekennzeichnet. Dies bedeutet, dass zusätzliche Kosten nicht unbedingt einen QUALY-Gewinn nach sich ziehen. Ein eindeutiger funktionaler Zusammenhang läßt sich aus der Punktewolke jedoch kaum ableiten. Der Entscheider weiß auf Basis dieser Sensitivitätsanalyse, wie das Portfolio der momentan angebotenen medizinischen Leistungen in seiner Kosten-/Nutzendimension aussieht. Wie soll er aber bei einem begrenzten Budget entscheiden, welche medizinische Maßnahme durch einen andere ersetzt werden kann? Wie soll die Entscheidung stattfinden, wenn die medizinischen Maßnahmen (die Punkte im Diagramm) untereinander korreliert und unsicher sind?

Diese Fragen werden in der Literatur im Rahmen der Portfolio-Theorie diskutiert.

7.2.2 Diskussion der Literatur

Es gibt eine Reihe von Aufsätzen, die sich mit der Adaption der Markowitz'schen Portfolio-Theorie auf gesundheitsökonomische Fragestellungen beschäftigen. Es folgt eine Übersicht, mit dem Ziel, die Schwierigkeiten der Adaption der Portfolio-Theorie auf gesundheitsökonomische Problemstellungen herauszuarbeiten.

Der erste Aufsatz zur Portfolio-Theorie in der Gesundheitsökonomik wurde 1998 von Horgby[63] veröffentlicht. Ausgehend von der Beobachtung, dass in der Gesundheitsökonomik die Bedeutung des Fak-

---
[63] Horgby, P-J.: Risk management and health investments: a portfolio approach. In: Zeitschrift für Gesundheitswissenschaften, 6. Jg 1998, Heft 2, S. 178-182.

tors „Unsicherheit" bei Investitionsentscheidungen vernachlässigt wird, entwickelt der Autor aus der *Perspektive des Individuums* einen Ansatz für das Portfolio-Kalkül. Im Zentrum der Analyse steht bei Horgby die Frage, wie *das Individuum* die knappen Ressourcen „Geld" und „Zeit" am vernünftigsten einsetzen sollte, um sein Gesundheitsverhalten möglichst effizient zu gestalten. Die Gesundheitsaktivitäten des Individuums werden als „Bündel" von Aktivitäten betrachtet, die untereinander korreliert sind und in Summe zu einem Gesundheitszustand führen. Der Autor kommt zu dem Ergebnis, dass diese Korrelationen verschiedener Gesundheitsaktivitäten auf der Individualebene auch für die Gesundheitspolitik bedeutsam sind. Der Gedanke an sich ist interessant, allerdings sind die Ergebnisse insofern begrenzt, als dass die Individualperspektive den Analyserahmen stark einengt und das Entscheidungsproblem des Individuums „Investitionen in Gesundheitaktivitäten" zu tätigen nicht monetär, sondern verhaltensbezogen aufgefasst wird (im Sinne von: „mehr Sport, weniger Herzinfarkt-Risiko").

O'Brien/Sculpher greifen die Portfolio-Idee vier Jahre später wieder auf[64]. Sie gehen von der Fragestellung aus, wie Unsicherheit in die Kosten-Effektivitäts-Analyse (cost-effectiveness analysis, CEA) integriert werden kann. Im Zentrum der CEA steht die Frage, wie aus der *gesellschaftlichen Perspektive* medizinische Maßnahmen in Abhängigkeit von begrenzten Budgets priorisiert werden sollen. Bei der Kosten-Effektivitäts-Analyse werden die Kosten einer Behandlung ins Verhältnis zu den in QALYS (quality-adjusted-life-years) gemessenen Erträgen gesetzt[65]. Hieraus wird als Ertragsmaß die „incremental cost-effectiveness ratio (ICER)" gewonnen, die Auskunft über die marginale QALY-Rendite pro marginaler Geldeinheit gibt. Die gängige Vorgehensweise ist die Reihung möglicher medizinischer Maß-

---

[64] O'Brien B., Sculpher M.: Building uncertainty into cost-effectiveness rankings: portfolio risk-return trade offs and implications for decision rules. In: Med Care, 38. Jg. 2000, Heft 5, S.460-468.
[65] Breyer/Zweifel/Kifmann 2004, S.20 ff.

nahmen anhand ihres Durchschnitts-ICER, wobei ein höherer ICER eine attraktivere Behandlungsmaßnahme identifiziert. O´Brien et al. argumentieren, dass auch die Varianzen bzw. Standardabweichungen der ICERs als Maß für die Unsicherheit eine Rolle in der Entscheidungsfindung spielen sollten. Die bisherige Vorgehensweise der einfachen Reihung der ICERs sei als Spezialfall der Portfolio-Selektion zu betrachten, der sich aus der (eher unrealistischen) Annahme risikoneutraler Entscheider ergibt. Im Ergebnis steht die Schlüsselfrage, ob die Risikopräferenz des Entscheiders im gesundheitsökonomischen Zusammenhang überhaupt eine Rolle spielen sollte, da es sich um öffentliche Güter handelt, über die entschieden wird und nicht um Privatgüter. Es wird auf die bei Arrow/Lind[66] geführte, normative Diskussion verwiesen, in der argumentiert wird, dass der Staat bei der Evaluation öffentlicher Investitionen das Thema Unsicherheit ignorieren sollte, weil er in der Lage sei, die Risiken einer Investition auf eine große Zahl von Menschen zu verteilen. Allerdings gibt es Investitionen mit unterschiedlich großen Risiken, deren Verteilung wohlfahrtsrelevant ist. Zudem ist es in kleineren Einheiten (z.B. Gemeinden) oft nicht möglich das Risiko entsprechend zu verteilen. O´Brien/Sculpher weisen auf die Probleme der Praxis hin, in der aufgrund der Hierarchien im Gesundheitswesen, die Entscheider vor Ort nicht aus der gesellschaftlichen Perspektive agieren.

Typischerweise handelt es sich bei den Entscheidern um eine Krankenhausverwaltung, die ein spezifisches Budget zur Verfügung hat und abwägen muss, wie dies sinnvoll eingesetzt werden soll. Auf dieser Ebene spielt der Risikoaspekt in zweifacher Hinsicht eine Rolle. Erstens, die Krankenhausverwaltung wird den Wunsch haben, das Budget nicht zu überschreiten und zweitens, sie muss mit dem gegebenen Budget die ihr gesundheitspolitisch vorgegebenen Ziele erreichen. Des weiteren ergibt sich eine Risikodimension aus der Irrever-

---

[66] Arrow K., Lind R.: Uncertainty and the evaluation of public investment decisions. In: American Economic Review, 60. Jg 1970, Heft 3, S. 364-378.

sibilität der Investitionen. Bei den meisten Investitionsentscheidungen im Krankenhausbereich handelt es sich – anders als am Aktienmarkt – um schwer rückgängig zu machende Entscheidungen[67]. Auch sei das Ertragsmaß (ICER) problematisch, da dessen Verteilung oftmals nicht identifiziert werden kann, wie dies in Abbildung 22 grafisch deutlich wird. Ferner sei es schwierig, die Korrelationen zwischen medizinischen Maßnahmen empirisch zu quantifizieren. Auch könnten einige aus dem Diversifikationsgedanken gezogene Schlussfolgerungen – wie z.B. die unterschiedliche Behandlung von Patienten mit dem Ziel der Risiko-Diversifikation – ethisch nicht vertretbar sein. Abschliessend weisen O'Brien/Sculpher darauf hin, dass bei der Anwendung der Portfolio-Theorie genau beachtet werden müsse, welche Perspektive eingenommen wird, die des Patienten, des Krankenhaus-Managements oder des Politikers.

Die in der explorativen Arbeit von O'Brien/Sculpher aufgeworfenen Fragen, haben weiteres Forschungsinteresse geweckt. Bridges et al.[68] legen zwei Jahre später eine theoretische Adaption der Markowitz-Theorie vor, in der die Synergien von medizinischen Maßnahmen auf der Patientenebene und der gesellschaftlichen Ebene berücksichtigt werden. Sie definieren drei Spezialfälle, die sich hinsichtlich der von zwei Bevölkerungsgruppen empfangenen medizinischen Maßnahmen unterscheiden. Bei einer unterschiedlichen Behandlung der zwei Bevölkerungsgruppen ergibt sich keine Änderung im Vergleich zu den Ergebnissen der klassischen Portfolio-Theorie. Wird jedoch die gesamte Bevölkerung gleich behandelt (Fall 2) oder werden korrelierte Individuen-Cluster angenommen (Fall 3), so kommt es zu Synergieeffekten, die das Ertrags- bzw. Risikokalkül der Markowitz-

---

[67] z.B. im Bereich der Anschaffung medizinischer Großgeräte, die nicht nur den Kauf des Geräts, sondern auch die Schulung bzw. Einstellung qualifizierten Personals nach sich zieht.
[68] Bridges, J., Stewart, M., King, M., van Gool, K.: Adapting portfolio theory for investment in health with a multiplicative extension for treatment synergies. In: European Journal of Health Economics, 3. Jg. 2002, Heft 1, S.47-53.

Theorie verändern. Die Arbeit bietet keine Lösung des Problems, welche Nutzenfunktion zur Identifikation der optimalen Lösung herangezogen werden sollte. Ferner wird davon ausgegangen, dass das komplette Budget investiert wird.

Sendi/Maiwenn/Gafni/Birch[69] präsentierten im Jahr 2003 eine „second-best" Alternative zur Markowitz-Portfolio-Optimierung. Es wird die Frage fokussiert, wie bei einem gegebenen Budget und bestehendem Portfolio an medizinischen Maßnahmen die Substitutionsentscheidung zwischen ihnen getroffen werden sollte. Die Entscheidungsregel basiert auf dem Konzept der stochastischen Dominanz der kumulierten Wahrscheinlichkeitsverteilungen der Erträge und Kosten einer Behandlung. Anstatt der portfoliotheoretisch fundierten μ/σ-Entscheidungsregel, wird im Rahmen der second-best-Lösung die medizinische Maßnahme vorgezogen, deren Wahrscheinlichkeitsverteilung einer Budgetüberschreitung dieselbigen Verteilungen anderer Maßnahmen stochastisch dominiert. Es wird darauf hingewiesen, dass der „second-best"- Ansatz den Ansätzen von O´Brien/Sculpher und Bridges/Stewart/King/van Gool überlegen sei, weil nicht mehr auf den ICER als Ertragsmaß zurückgegriffen werden muss, dessen Verteilungen oftmals nur schwer definierbar sind.

Bridges/Terris[70] kritisieren die „second-best"-Lösung von Sendi et al. als unzureichend, weil die Methodik nicht die gesamte Menge der möglichen Korrelationen zwischen verschiedenen medizinischen Maßnahmen berücksichtige. Darüber hinaus müsse sich der Entscheider der optimalen Lösung durch einen iterativen Prozeß nähern, da diese nicht direkt identifiziert werden könne. Weiterhin würden explizite trade-offs zwischen den unterschiedlichen Momenten der be-

---

[69] Sendi, P., Al, M., Gafni, A., Birch, S.: Optimizing a portfolio of health care programs in the presence of uncertainty and constrained resources. In: Social Science & Medicine, 57. Jg. 2003, Heft 11, S. 2207-2215.
[70] Bridges J., Terris, D.: Portfolio evaluation of health programs: a reply to Sendi et al. In: Social Science & Medicine, 58. Jg. 2004, Heft 10, S. 1849-1851.

trachteten Verteilungen nicht berücksichtigt, insbesondere der tradeoff des Entscheiders zwischen Risiko und Ertrag. Abschließend stellen die Autoren die Methodik der Kosten-Effektivitäts-Analyse insgesamt in Frage, sofern in ihrem Rahmen nur „second-best" Lösungen möglich seien. Sendi et al.[71] antworten auf diese Kritik noch in der gleichen Ausgabe des Journals. Es wird darauf hingewiesen, dass die Annahme einer Korrelation von Null aus Gründen der Vereinfachung getroffen wurde. Es sei erwähnt worden, dass bei einer Interdependenz der medizinischen Maßnahmen die Datenerhebungs-Prozedur modifiziert werden müsse, mit der die gemeinsame Verteilung der Kosten/Nutzen-Daten des Portfolios erhoben wird. Auch sei die Erhebung der Nutzenfunktion des Entscheiders eine komplexe Angelegenheit. Mit Hilfe des Analysewerkzeugs „stochastische Dominanz" könnten jedoch Fälle identifiziert werden, in denen ein Entscheider eindeutig eine Alternative gegenüber einer anderen Alternative vorzieht, obwohl die Entscheidung unter Unsicherheit getroffen wird. Sofern die stochastische Dominanz erster und zweiter Ordnung gegeben ist, sei eine Lösung möglich. Ferner sei eine in der Praxis anwendbare „second-best"- Lösung besser als eine „first-best"-Lösung (gemeint ist die Portfolio-Theorie), die weder theoretische noch praktische Antworten auf die Frage liefert, wie Entscheidungen unter Unsicherheit im Gesundheitswesen getroffen werden sollten.

Sendi et al.[72] widmet sich noch im selben Jahr der Frage, wie die Markowitz'sche Portfolio-Theorie mit der Tatsache in Einklang gebracht werden kann, dass die Budgetallokation in Krankenhäusern unsicher ist. Bei Kapitalmarktinvestitionen kann das gesamte dem Investor zur Verfügung stehende Budget investiert werden. Sein Budget ist normalerweise kleiner als der Gesamtwert der Aktien eines an der

---

[71] Sendi, P., Al, M., Gafni, A., Birch, S.: Portfolio theory and the alternative decision rule of cost-effectiveness analysis: theoretiCML and practiCML considerations. In: Social Science & Medicine, 58. Jg. 2004, Heft 10, S.1849-1851.
[72] Sendi, P., Al, M., Rutten, F.: Portfolio Theory and Cost-Effectiveness Analysis: A Further Discussion. In: Value in Health, 7. Jg. 2004, Heft 5, S. 595-601.

Börse notierten Unternehmens. Dies unterscheidet sich von der Situation eines Krankenhauses, bei dem der Ressourcenverbrauch ungewiss und die Investitionshöhen durch die Dimension der medizinischen Maßnahmen limitiert sind. Auch stammt das Risiko des return-on-investment einer Aktie von der Varianz ihres Kurswertes. In „health-care finance" resultiert das Risiko des return-on-investment aus der Varianz des Ressourcenverbrauchs *und* der Varianz des „Ertrags", dem Nutzen der medizinischen Maßnahme für die Patientenschaft. Da der Ressourcenverbrauch ungewiss ist, ist auch der Teil des Budgets ungewiss, der im Laufe einer Periode verbraucht wird oder übrig bleibt. Am Ende der Periode kann es daher sein, dass in einigen Fallgruppen Überschüsse und in einigen Verluste erwirtschaftet wurden, die aber innerhalb des Budgets ausgeglichen werden.

Dieser Unterschied wird im Modell durch die Annahme stochastischer Kosten berücksichtigt. Sofern das Budget den erwarteten Kosten des Gesamtportfolios entspricht, ändert dies nichts an den Risiko-Ertrags Charakteristiken des Gesamtportfolios, wenn das Budget auf verschiedene medizinische Maßnahmen aufgeteilt wird. Dies impliziert, dass in dieser Situation (Budget = erwartete Kosten) das Diversifikationsprinzip keine Rolle spielt, da sowieso das im Budget veranschlagte Geld komplett ausgegeben wird. Es kommt also zu keiner höheren Rendite durch Einsparungspotenziale auf Basis von Diversifikationseffekten. Hier wird deutlich, dass die Zweiseitigkeit des Risikomaßes „Risiko/Ertrag" nicht dazu geeignet ist, dem Entscheider in dieser Situation weiterzuhelfen.

Budgets sollen ja gerade den erwarteten Kosten entsprechen. Im letzten Teil des Aufsatzes wird nochmals auf die im gesundheitsökonomischen Kontext problematischen Annahmen des Markowitz-Modells eingegangen. So kann im gesundheitsökonomischen Kontext nicht von einer beliebigen Teilbarkeit der Assets (medizinische Maßnahmen, Fallgruppen) ausgegangen werden. Auch kann ein Investor am

Kapitalmarkt jedes ihm beliebige Wertpapier kaufen oder verkaufen. Ein Krankenhaus hingegen muss – innerhalb einer gewissen Bandbreite – „nehmen was kommt" und kann nur bedingt auf Fallzahlen und Fallarten Einfluss nehmen. Der Portfolio-Ansatz in der Gesundheitsökonomik erfährt durch Sendi/Al/Zimmermann[73] eine „Rettung", indem vom Gedanken der Tobin-Seperation Gebrauch gemacht wird. Lässt man die Möglichkeit einer sicheren Anlageform zu und betrachtet die Finanzierung einer oder mehrerer medizinischer Maßnahmen als die risikobehaftete Anlage[74], so ist es möglich durch die Kombination beider Anlageformen die individuelle Risikoneigung des Investors zu berücksichtigen. Wichtiger noch ist die Möglichkeit medizinische Maßnahmen nun eindeutig reihen zu können. Dies resultiert aus der Tatsache, dass mit den bekannten Parametern der risikolosen und risikobehafteten Anlage die „Capital Market Line (CML)" im μ/σ – Raum konstruiert werden kann. Konstruiert man die CML für verschiedene medizinische Maßnahmen – für verschiedene Tangentialportfolios (T) – in Abhängigkeit von der risikolosen Anlageform, so geben die unterschiedlichen Steigungen der Capital Market Linien das Austauschverhältnis zwischen Ertrag und Risiko jeder medizinischen Maßnahme an.

Diese „reward-to-variability ratios" sind ein objektives Entscheidungskriterium, anhand derer der Entscheider verschiedene medizinische Maßnahmen oder Maßnahmen-Kombinationen unter Einbezug von Risiko/Ertrag-Überlegungen reihen kann. Als Kritikpunkt dieser Lösung sei anzumerken, dass Krankenhäuser aufgrund gesetzlicher Bestimmungen nicht, oder nur sehr eingeschränkt, die Möglichkeit haben, sich zu Gunsten einer risikolosen Anlage aus dem risikobehafteten medizinischen Geschäft zurückzuziehen. Insofern könnte es

---

[73] Sendi, P., Al, M., Zimmermann, H.: A Risk-Adjusted Approach to Comparing the Return on Investment. In: Health Care Programs. In: International Journal of Health Care Finance and Economics, 4. Jg. 2004, Heft 3, S. 199-210.
[74] Das Tangentialportfolio „T" in Abbildung 21 stellt hierbei eine medizinische Maßnahme oder ein Bündel von Maßnahmen dar.

strittig sein, ob eine risikolose Kapitalmarkt-Anlage (z.B. eine Staatsanleihe), als Referenzpunkt in das Entscheidungskalkül der Krankenhausverwaltung miteinfließen darf.

In der Literaturübersicht werden vier Problemschwerpunkte der Adaption der Portfolio-Theorie in der Gesundheitsökonomik deutlich. Der erste Problemschwerpunkt liegt in den oben diskutierten Annahmen des Markowitz-Modells begründet (Teilbarkeit der Assets, vollständige vs. nicht vollständige Investition des Budgets, Freiheit der Auswahl zwischen Assets).

Zweitens, die Wahl der Perspektive der Investitionsentscheidung und die damit verbundene Frage welche Nutzenfunktion zur Lösung der Optimalitätsbedingung angesetzt werden soll (oder darf), ist von Wichtigkeit.

Drittens, die Tatsache, dass bei vollständiger Investition des Budgets aufgrund von Quersubventionen im Budget der Risikodiversifikationsgedanke nicht mehr zum Tragen kommt, ist eine schwerwiegende Erkenntnis kontra die Anwendungsmöglichkeit der Portfolio-Theorie in gesundheitsökonomischen Entscheidungen. Der vierte Problemschwerpunkt liegt bei der schwierigen Datenerhebung der Korrelationen zwischen verschiedenen medizinischen Leistungen. Abschließend trägt allerdings die Inkorporation der Tobin-Separation einen neuen Aspekt dazu bei, wie medizinische Maßnahmen unter Rendite-Risiko-Gesichtspunkten priorisiert werden können. Sofern man akzeptiert, dass Krankenhäuser die Möglichkeit zur Anlage in ein risikoloses Asset haben, können die Steigungen der Capital Market Linien im μ/σ-Raum als Ent-scheidungskriterium fungieren. Die Anwendungsmöglichkeiten der Portfolio-Theorie für ein aktives Risikomanagement in Krankenhäusern scheinen begrenzt zu sein. Dennoch liefert die Diskussion wichtige Einsichten über die Relevanz des Faktors „Unsicherheit" bzw. „Risiko" in gesundheitsökonomischen Entscheidungen. In den folgenden Abschnitten wird deshalb ein eigener Vorschlag unterbreitet, wie das Thema „Risiko" auf der Krankenhausebene gemanagt werden könnte.

7.3 Controlling und Risikomanagement in Krankenhäusern

Prospektive Vergütungssysteme in der Krankenhausfinanzierung mögen aus der Sicht des jeweiligen Akteurs positive oder negative Folgen haben. Sie sind jedoch ein wichtiges Instrument, um mehr Wirtschaftlichkeit und unternehmerisches Denken in Krankenhäusern zu verankern. Die Hauptaufgabe, mit der sich die deutschen Krankenhäuser nach der DRG-Einführung und in der Konvergenzphase bis 2007 beschäftigen, besteht im Aufbau verlässlicher Kosten-/Leistungsrechnungen (KLR). Die bisherige Diskussion der Folgen der DRG-Einführung ist deshalb stark vom klassischen Controlling- bzw. Kostenrechnungsgedanken geprägt[75].

Der Vorteil von DRG-Systematiken ist, dass der Leistungserstellungsprozess in Krankenhäusern transparent dargestellt wird. Jeder DRG (jedem Behandlungsfall) ist eine €-Fallpauschale zugeordnet, die in ihrer Höhe genau bekannt ist. Unbekannt ist allerdings wie hoch die Behandlungskosten des spezifischen Patientenfalles im Krankenhaus sein werden und damit die endgültig vom Krankenhaus erwirtschaftete Gewinn- oder Verlustmarge. Es lassen sich zwar relativ genaue Schätzungen auf Basis der Kosten-/Leistungsrechnung über die wahrscheinliche Höhe der Kosten der Behandlung machen. Letztlich hängen die tatsächlichen Kosten der Behandlung jedoch immer vom Einzelfall ab. Manche Patienten werden schneller gesund als andere, manche bekommen unvorhergesehene Komplikationen und benötigen deshalb eine intensivere Behandlung als andere. Im Einzelfall werden sich die Kosten stochastisch unterscheiden, weil niemand – nicht der beste Arzt – genaue Prognosen über Gesundungsprozesse abgeben kann. Ein wichtiger Aspekt der DRG-Reform ist somit die Verlagerung unternehmerischen Risikos auf die Krankenhausebene. Das klassische Controlling hilft hier insofern weiter, als dass die Kostenträger- /Kostenstellenrechnung darüber Auskunft gibt, wie sich ein eventueller Verlust (oder Gewinn) zusammensetzt, wo also Kostenvorteile oder -nachteile des spezifischen Krankenhauses oder in der spezifischen DRG bestehen. Allerdings endet hier im Wesentlichen der Beitrag des Controlling. Die zukünftige Planung wird aus der Sicht des klassischen Controlling ausreichend durch die Plankostenrechnung abgedeckt.

Diese ist aber nicht viel mehr als die grobe Schätzung zukünftiger Kosten/Erlöse bzw. die Fortschreibung bisheriger Erlös- und Kostenbudgets, *ohne* dass der Risikoaspekt anfallender Erlöse/Kosten systematisch berücksichtigt wird[76].

In anderen Dienstleistungssektoren (bei Banken/Versicherungen), in denen das eingegangene Risiko (z.B. am Kapitalmarkt) die Hauptursache für Gewinne oder Verluste sein kann, spielt deshalb die Disziplin des *Risikomanagements* eine wichtige Rolle. Diese finanzwirtschaftliche Disziplin hat Forschungsergebnisse hervorgebracht, die sich gut auf andere Unternehmen übertragen lassen, so auch auf Krankenhäuser.

Zu nennen ist an erster Stelle die oben besprochene Portfolio-Theorie von Harry Markowitz, einer der Eckpfeiler der modernen Finanzwirtschaft. Die Behandlung eines Patientenfalles durch das Krankenhaus

---

[75] Arnold M., Litsch M., Schellschmidt H.: Krankenhaus-Report 2000: Schwerpunkt Vergütungsreform mit DRGs. Stuttgart/New York 2000.
[76] Der Aspekt des Risikos wird in der klassischen buchhalterischen Tradition durch die Bildung der Bilanzposten „Rückstellungen/Rücklagen" bzw. durch die Bildung stiller Reserven bei der Aktiva/Passiva-Bewertung berücksichtigt. In der internen Kostenrechnung heißen die Kostenstellen z.B. „Unternehmerische oder kalkulatorische Wagnisse". In der internen wie auch externen Unternehmensrechnung erfolgt die Bildung dieser Posten auf Basis von Schätzungen, für die es keine besonderen Regeln – außer Erfahrungswerten – gibt. In der Praxis werden die Posten aus vergangenen Geschäftsjahren oftmals fortgeschrieben; eine problematische Vorgehensweise, wenn sich die Risikosituation des Unternehmens plötzlich ändert.

ist in einem *prospektiven* Vergütungssystem erlösrelevant und im Kostenverlauf wahrscheinlichkeitsbedingt. Für das Krankenhaus stellt jede DRG – jeder Patientenfall – ein Asset dar, das abhängig von den Behandlungskosten, eine €-Rendite abwirft. In der finanziellen Dimension besteht zwischen einer DRG und einer Aktie am Kapitalmarkt auf den ersten Blick kein großer Unterschied.

In beiden Fällen ist die zukünftige Rendite unbekannt und wahrscheinlichkeitsbedingt[77]. Deshalb könnte man auf Basis der DRG-Systematik ein Krankenhaus als ein Portfolio vieler verschiedener DRGs betrachten und diese Idee im Lichte der Theorie von Markowitz weiterverfolgen. Im nächsten Abschnitt wird der Value-at-Risk-Ansatz, als Möglichkeit der Anwendung eines weiteren finanzwirtschaftlichen Konzeptes in der Gesundheitsökonomik vorgestellt.

7.4 Möglichkeiten eines DRG-basierten Risikomanagements

Im Folgenden wird die Perspektive des Krankenhausmanagements eingenommen, das das Ziel der Gewinnmaximierung verfolgt. Als Ertragsmaß wird die monetäre Gewinnmarge pro DRG angenommen[78]. Ethisch ist das Ziel der Gewinnmaximierung strittig, aber insofern pragmatisch zu vertreten, als dass bankrotte Krankenhäuser der Gesellschaft keinen Nutzen mehr stiften können. Deshalb ist auch die „finanzielle Gesundheit" von Krankenhäusern für die Erbringung qualitativ hochwertiger medizinischer Leistungen eine Voraussetzung.

Vergegenwärtigt man sich die Zahlenbasis, die durch die DRG-Systematik nun in Krankenhäusern vorhanden ist und betrachtet die-

---

[77] Zukünftige Aktienkursentwicklungen können durch die weithin akzeptierte Random-Walk These beschrieben werden, die besagt, dass zeitlich aufeinanderfolgende Kursänderungen statistisch unabhängig sind und somit dem Erscheinungsbild nach einer rein zufällig erzeugten Zahlenreihe entsprechen. Vgl. hierzu Schredelseker, K.: Grundlagen der Finanzwirtschaft – Ein informationsökonomischer Zugang. München/Wien 2002, S. 408.
[78] Dies entspricht der Gewinnmarge (p - c) im Hodgkin-McGuire Modell und im Modell des Autors.

se unter dem Risiko-Aspekt, so ist vor allem das in Abschnitt 3.2.4 angeführte Beispiel zur Krankenhausbudgetberechnung aufschlussreich. Die nachfolgende Darstellung wiederholt nochmals die Beispielrechnung.

Abbildung 23: Krankenhausbudget bei Risiko

Der mittlere Pfeil verdeutlicht das Risiko, dass eine Änderung des *Basispreises* vorgenommen werden könnte. Dies ist als politisches Risiko zu klassifizieren, da der Basispreis im Sinne der Systematisierung in Abschnitt 2 ein „administrierter Preis" ist, der hoheitlich für die Krankenhäuser eines Bundeslandes oder des gesamten Landes ermittelt und festgelegt wird. Ändert sich der Basispreis, so kann dies negative Erlösfolgen für das Krankenhaus im Falle einer Verringerung des Preises haben. Dies würde bedeuten, dass das Budget der nächsten Periode kleiner ist und somit die Gewinnmarge zwischen Vergütung (=Budget) und Kosten reduziert wird oder im schlimmsten Fall die anfallenden Kosten nicht mehr gedeckt werden können.

Die zweite Dimension ist das Fallzahl-Risiko, das in der obigen Darstellung durch die beiden äußeren Pfeile verdeutlicht wird. Die Variation des Case-Mix-Index (*CMI*) hängt von der Variation der Fallzahl ab, weil der *CMI* die Summe der mit den Kostengewichten gewichteten Fälle bezogen auf die Gesamtfallzahl darstellt. Zu unterscheiden ist das Fallzahlrisiko in einer spezifischen DRG und das Gesamtfallzahlrisiko, das sich aus dem insgesamt im Krankenhaus behandelten Patientenvolumen (Summe aller DRGs) ergibt.

Des weiteren basiert der im Beispiel berechnete *CMI* von 1,36 auf den national erhobenen und dem einzelnen Krankenhaus vorgegebenen Kostengewichten. Sie werden gemäß Gleichung (1) als Durchschnittswerte der nationalen Kosten in der betrachteten DRG_x bezogen auf die Summe der gesamten in der medizinischen Behandlung entstandenen Kosten (DRG_{alle} - alle Fallgruppen) berechnet.

$$(1) \quad \text{Kostengewicht}\,(CW)\,DRG_x = \frac{\varnothing\,\text{Fallkosten}\;DRG_x}{\varnothing\,\text{Fallkosten}\;DRG_{alle}}$$

Die Kostengewichte werden auf Basis von Stichproben ermittelt, so dass eine Abweichung der tatsächlichen, im spezifischen Krankenhaus entstandenen Kosten von den durchschnittlichen Fallkosten in DRG_x wahrscheinlich ist. Dies kann ein Risiko bzw. eine Chance für das Krankenhaus darstellen.

Das Risiko wird durch die Regelungen zur Vergütung von Kostenausreissern (Outlier) in einer Kostengruppe gemindert. Ziel der Ausreisser-Vergütung ist es, den Risikoselektionseffekt, den Moral-Hazard und den Volumen Effekt durch eine gesonderte Vergütung von Hochkosten-Patienten zu minimieren. Durch die Gewährung eines Zuschlags werden die im Vergleich zum Standardfall der DRG anfallenden Mehrkosten bei Hochkostenfällen zum Teil erstattet. Abgegolten werden hierbei Fälle, die oberhalb eines Ausreisserschwellenwertes liegen, der in Form einer Grenzverweildauer dargestellt wird. Hier bedient man sich wieder der in der Diskussion des Modells zum Krankenhausverhalten bei Unsicherheit in Punkt 6.5.2 angesprochenen Verweildauer in Tagen (*length of stay, LOS*), als Schätzwert für die entstandenen Kosten im Krankenhaus. Die U.S. Regelung zur Ausreisservergütung in der *Medicare*-Versicherung sieht wie folgt aus[79]:

---

[79] Günster, C.: Ausreißerregelungen in DRG-Systemen. In: Arnold, Litsch, Schellschmidt (Hrsg.): Krankenhausreport 2000. Schwerpunkt: Vergütungsreform mit DRGs. Stuttgart/New York 2000. S.141-157.

$$GVD_{DRGx} = min\ (gMVD_{DRGx} + a,\ gMVD_{DRGx} + 3 * SD_{DRGx})$$

wobei:

$gMVD_{DRGx}$ = geometrisches Mittel der Verweildauer der Fälle in DRG_x
a = jährlich angepasste Konstante
SD_{DRGx} = Standardabweichung der Verweildauer der Fälle in DRG_x

Der pauschalierte, tageweise Zuschlag betrug zunächst 60% der auf die durchschnittliche Verweildauer bezogenen DRG-Fallpauschale. Es folgt der Verweildauerzuschlag pro Ausreissertag:

$$DRG_x = ZF * \frac{FP_x}{aMVD_x}$$

mit :

ZF = Zuschlagfaktor
FP_x = Fallpauschale in DRGx
$aMVD_x$ = arithmetisches Mittel der Verweildauer der Fälle in DRGx

Durch diese und ähnliche, retrospektive Regelungen, wird das Risiko des Krankenhauses in Hochkostenfällen durch die Gewährung eines Extrazuschlags des Financiers gemildert. Es wird deutlich, dass das Risiko in Form der Standardabweichung eines durchschnittlichen Verweildauerwerts erfasst wird. Diese Standardabweichung wird in den gängigen DRG-Grouper Softwarelösungen für jeden Patientenfall automatisch ermittelt.

Empirische Untersuchungen zu den Verteilungen der Verweildauern in bestimmten DRGs zeigen, dass diese asymmetrisch sind. Typischerweise können stark linkssteile Verteilungen vorgefunden werden, die am besten durch die Lognormal, Weibull oder Gamma-

Verteilung charakterisierbar sind[80]. Abbildung 23 zeigt eine stilisierte Gamma-Verteilung mit ihrem ersten und zweiten Moment (Mittelwert μ und Standardabweichung σ).

In Abbildung 24 ist die Anzahl der Fälle in einer bestimmten DRG_x in Abhängigkeit der Verweildauer in Tagen (*LOS*) als Näherung für die im Krankenhaus entstandenen Kosten skizziert. Die durchschnittliche Verweildauer in Tagen ist durch „μ" repräsentiert und bildet die Basis für die Berechnung der Kostengewichte, die dem Krankenhaus vorgegeben sind.

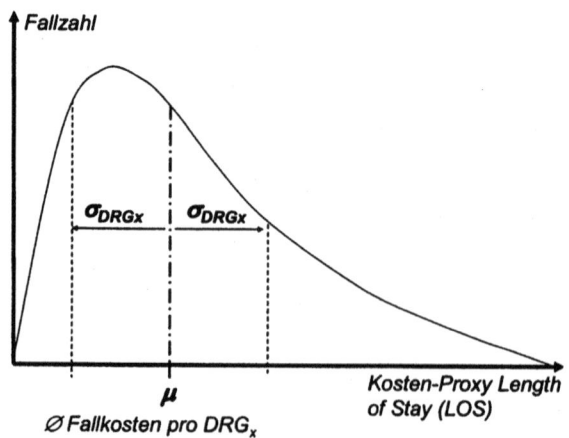

Abbildung 24: Typische DRG-Kostenverteilung

Die Abweichung σ_{DRGx} ist die krankenhausspezifische Abweichung von der durchschnittlichen Verweildauer (= von den durchschnittlichen Kosten). In der Grafik wurde eine kontinuierliche Verteilung dargestellt. In der Praxis findet man allerdings diskrete Verteilungen auf Basis der diskreten Fallzahlen vor.

---

[80] Marazzi, A., Ruffieux, C.:Rules for Removing Outliers and Tests Based on Parametric Models for Estimating and Comparing Average Length of Stay. In: Proceedings of the 14th PCS/E International Working Conference, Manchester 1998. S.191–200.

7.4.1 Ökonomische Homogenität der Fallgruppen

Die Kosteninhomogenität in einer Fallgruppe kommt durch die Standardabweichung σ_{DRGx} der krankenhausspezifischen Kosten von den nationalen Durchschnittskosten in DRG_x zum Ausdruck. Die hier vorgefundene Standardabweichung σ_{DRGx} unterscheidet sich von der Standardabweichung eines Aktienkurses in einigen Punkten. Folgt man der gängigen Random-Walk-These, so ist die Standardabweichung von Aktienkursen komplett zufallsbedingt und über die Zeit hinweg nicht korreliert. Im Fall der DRGs lassen sich jedoch einige *nicht* zufallsbedingte Gründe für die Standardabweichung finden. Zu nennen ist hier vor allem ineffizientes Management des spezifischen Krankenhauses, das höhere Kosten verursacht, als die landesweite oder bundesweite Benchmark „μ". Diese Quelle der Kostenabweichung ist als unsystematisch zu qualifizieren.

Ein weiterer Grund für das Auftreten von Kostenabweichungen könnte die Tatsache sein, dass die DRG-Klassifikation ungenau ist, dass also die Fallgruppen nicht genau genug definiert sind und zu viele im Kostenanfall unterschiedliche Fallarten in einer Fallgruppe zusammengefasst wurden. Dies würde eine systembedingte Fehleinschätzung der Kosten nach sich ziehen. Allerdings wären von diesem Problem alle Krankenhäuser und nicht nur ein Spezielles betroffen, so dass zu erwarten wäre, dass die Klassifikationssystematik revidiert wird. Derzeit verwenden alle Krankenhäuser die in Deutschland aktuelle G-DRG Klassifikation der Version 2005.

Auch könnte das Fallvolumen, das ein Krankenhaus in einer spezifischen DRG_x behandelt, klein und deshalb die krankenhausspezifische Verteilung im Vergleich zur nationalen oder landesweiten Verteilung verzerrt sein. Das Krankenhaus würde in diesem Fall systematisch zu hohe Kosten oder zu niedrige Kosten ausweisen. Aus epidemiologischen Gründen könnte die Verteilung der Patienten in einer bestimmten DRG_x im Einzugsgebiet des Krankenhauses signifikant anders aussehen, als die landes- bzw. bundesweite Verteilung. In diesem Fall würden *systematisch* verzerrte Kostenabweichungen beobachtet werden. Eine weitere Quelle für „Kostenabweichungen" sind Kodierungsfehler bei der Aufnahme der Patienten, die durch das ärztliche Personal verursacht werden und im Wesentlichen als zufällig anzusehen sind[81].

Zuletzt sind die über eine spezielle Vergütung abgegoltenen Ausreisser, die immer wieder in verschiedenen Fallgruppen auftreten können, zu nennen. Diese sind als komplett stochastisch bedingt anzusehen. In Summe kann also eine systematische Reduktion der Kostenabweichungen σ_{DRGx} auf der Krankenhausebene durch effizientes Management und gute Kodierqualität sowie auf der Bundesebene durch stetige Verbesserung des Klassifikationssystems erreicht werden. Die nachfolgende Abbildung fasst die oben beschriebenen Gründe für die Kostenabweichungen nochmals zusammen. Trotz der Kostenabweichungspotentiale, die eingespart werden können, wird jedoch immer ein *stochastischer Anteil in* σ_{DRGx} verbleiben.

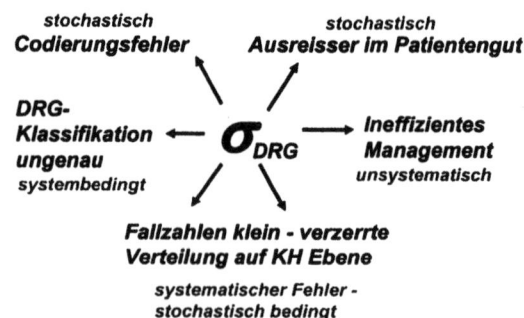

Abbildung 25: Quellen der Kosteninhomogenität in DRG-Fallgruppen

---

[81] Es wird von der sog. „DRG-Creep Problematik" abgesehen. Der Ausdruck „DRG-Creep" beschreibt das falsche Kodieren von Patientenfällen, um in betrügerischer Absicht höhere Vergütungen gegenüber dem Financier geltend zu machen.

Dies liegt in der Ausreisser-Problematik und eventuell verzerrter Verteilungen begründet. Auch die Tatsache, dass der Patientenanfall an sich stochastisch bedingt ist, trägt hierzu bei. Als Arbeitshypothese für die abschließende Überlegung sei deshalb angenommen, dass σ_{DRGx} in toto stochastisch bedingt ist und dass die kostenmäßige Verteilung einer *DRG* durch eine parametrische oder eine empirische Verteilung deren erster und zweiter Moment bekannt sind, approximiert werden kann.

7.4.2 Risikovorsorge auf Basis des Value-at-Risk Ansatzes

Geht man von den obigen Überlegungen aus, so kann man durch die Bildung eines geeigneten Konfidenzniveaus (z.B. 95% oder 99%) die Wahrscheinlichkeit identifizieren, mit der ein entsprechendes Kostenniveau nicht überschritten wird.

Der Financier berechnet die €-Fallpauschale mit der das Krankenhaus vergütet wird auf der Basis der durchschnittlichen Fallkosten in DRG_x „μ". Dem Krankenhaus ist die Kostenverteilung der DRG_x bekannt und es entscheidet sich dazu den Kostenpunkt zu berechnen, der in dieser Fallgruppe mit 99%iger Wahrscheinlichkeit *nicht* überschritten wird. Dieses Kostenniveau ist in Abbildung 26 durch die senkrechte durchgezogene Linie gekennzeichnet. Die Berechnung kann bei einer empirischen, diskreten Verteilung durch Interpolation geschehen[82].

Sofern die empirische Verteilung ausreichend durch eine parametrische Verteilung approximiert werden kann, erfolgt die Berechnung über den ersten und zweiten Moment der Verteilung. Ist der Kostenpunkt auf dem 99%-Konfidenzniveau gefunden, kann durch die Bildung der Differenz zur vergüteten €-Fallpauschale, der €-Betrag einer konservativen Risikovorsorge ermittelt werden.

---

[82] Jorion, P.: Value at Risk. The New Benchmark for Managing Financial Risk, 2. Aufl., Boston 2002, S. 110.

Dieser Betrag vermindert sich um den vom Financier in Aussicht gestellten Ausreisser-Zuschlag, sofern eine Regelung wie die in Abschnitt 7.4 beschriebene, vorgesehen ist. Die Vorgehensweise entspricht dem Value-at-Risk Ansatz, der im Risikomanagement bei Finanzinstitutionen umgesetzt wird.

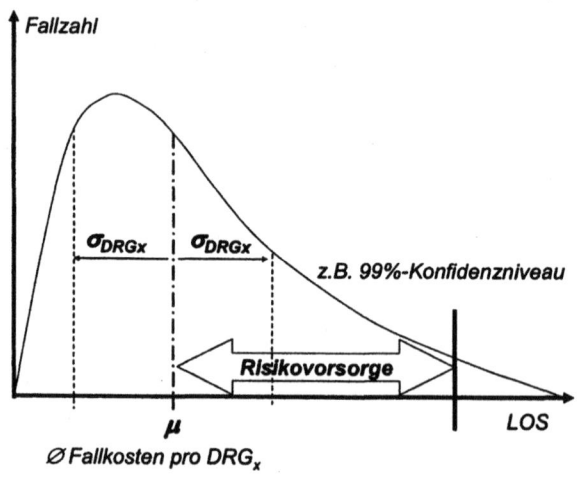

Abbildung 26: Risikovorsorge in DRG-Fallgruppe

Auf Basis einer integrierten IT-Lösung könnte man versuchen, den €-Betrag der Risikovorsorge zeitnah an die realen Geschehnisse im Krankenhaus anzukoppeln. Hierzu müssten neben den Informationen der DRG-Systematik wie Kostengewichte und durchschnittliche Fallkosten, auch die empirischen Verweildauerverteilungen des Krankenhauses aktualisiert zur Verfügung stehen.Ferner bestünde die Möglichkeit, die Value-at-Risk-Kennzahlen der Abteilungs- oder Krankenhausebene zu aggregieren. Denkbar wäre auch die Aggregation von Value-at-Risk-Kennzahlen auf Landes- oder Bundesebene, was den politischen Budgetierungsprozess unterstützen könnte.

8 Fazit

Ausgehend von der DRG-Vergütungsreform in der BRD wurden in diesem Buch anhand von zwei Modellen, dem Hodgkin-McGuire Modell und dem Modell des Autors „Krankenhausverhalten bei Unsicherheit", die ökonomischen Wirkungen unterschiedlicher Vergütungssystematiken bei Krankenhäusern untersucht.

Das in Kapitel sechs vorgestellte Modell zum Krankenhausverhalten bei Unsicherheit bewegt sich nicht im Rahmen des gängigen Mainstreams der Principal/Agenten-Literatur oder der Gleichgewichtstheorie. Deshalb kommt es mit einem begrenzten Set von Annahmen aus, indem es vom einfachsten Fall ausgehend – ein Krankenhaus, eine Fallgruppe mit unterschiedlichen Risikoausprägungen – die Moral Hazard Anreizwirkungen und die Hintergründe der angebotsinduzierten Nachfrage (Volumen Effekt) analysiert. Einige von vielen Kritikpunkten zur Modellierungsstrategie wurden dargestellt und alternative Wege sind denkbar. Im Kern bleibt die Frage nach dem Nutzen des Modells, die der geschätzte Leser nur individuell für sich beantworten kann.

Alle ökonomischen Modelle müssen sich letztlich am pädagogischen Zweck für die in der Politik verantwortlichen Entscheider messen lassen. Sie sollen eine Hilfestellung sein, um politische Entscheidungen, wie z.B. im Krankenhaussektor, zu erleichtern, indem sie den Verantwortlichen die komplexen Wirkungszusammenhänge ihrer Entscheidungen aufzeigen.

Die Geschichte des ökonomischen Modellbaus erfuhr durch William Phillips (1914-1975) eine interessante Bereicherung. Der geistige Vater der „Phillips Kurve", die den trade-off zwischen Inflation und Arbeitslosigkeit in einer Volkswirtschaft beschreibt und das ökonomische Denken in den 60iger Jahren stark beeinflusste, baute 1949 eine heute im Londoner *Science Museum* ausgestellte Hydraulik, mit der die Zusammenhänge der britischen Ökonomie verdeutlicht werden. Das 2,1 Meter große Gefäß enthält verschiedene Tanks und Zisternen, die mit gelben Schläuche verbunden sind. Durch das zu- und abpumpen von gefärbtem Wasser und der Messung der Wasserstände in den Tanks, wird versinnbildlicht, wie das volkswirtschaftliche Einkommen durch Steuern, Sparen und Investitionen sprichwörtlich angezapft und die volkswirtschaftliche Nachfrage wieder durch Exporte, öffentliche Ausgaben und Investitionen in das System eingespeist wird. Es ist eines der kreativsten ökonomischen Modelle und erfüllt vor allem hinsichtlich der Pädagogik und der Transparenz der Wirkungszusammenhänge seinen Zweck. Der Beobachter kann beispielsweise den Strom öffentlicher Ausgaben direkt durch die Schläuche verfolgen und den sich ansammelnden Wohlstand anhand des Wasserstands in den Tanks beobachten. Öffnet der Beobachter die falschen Ventile, dann wird sofort deutlich, dass und wie sich der Wohlstand vermindert und was zu tun ist, um den Effekt zu revidieren.

Heutzutage haben ökonomische Modelle einen sehr hohen Komplexitätsgrad erreicht. Das Kriterium der Transparenz wird oftmals zugunsten der Errechnung möglichst real erscheinender Zahlen vernachlässigt, wohlwissend, dass numerische Resultate stark von den dahinterstehenden mathematischen Annahmen über die Verhaltensweisen ökonomischer Agents abhängen. Das Modell zum Krankenhausverhalten bei Unsicherheit löst sich von dieser teleologischen Maxime der Quantifizierung bestimmter Größen, die in einem Gleichgewicht gelten. Vielmehr wird im Phillips´schen Sinne versucht, die Mechanik des Krankenhausverhaltens bei Unsicherheit grafisch zu verdeutlichen.

Die Vertreter großer Modelle argumentieren, dass politische Entscheider nicht genau verstehen müssen, wie die Modelle funktionieren. Ähnlich einem Piloten, der nicht selbst den Flugsimulator bauen muss, in dem er trainiert wird, genüge es, die Ergebnisse zu betrachten. Leider zeigt sich aber in der Realität, dass die meisten Entscheider nicht einmal den Simulationsflug wagen, sondern gleich von vornherein wissen wollen, wo sie landen. Wären sie hingegen dazu bereit, sich eingehender mit den Modellen zu beschäftigen, auf deren Basis Prognosen vorgenommen werden, dann kämen sie vielleicht inkonsistenten Folgerungen oder unvorhergesehenen Auswirkungen ihrer politischen Entscheidungen auf die Spur. Wie in allen ökonomischen Bereichen, so gilt vor allem auch in der Gesundheitspolitik: die große, aggregierte Zahl einer Modellvorstellung – 2 Milliarden Einsparungspotenzial, Belastung des Krankenhaussektors um 500 Millionen – ist zwar ein wichtiges Resultat, viel wichtiger sind aber die dahinter stehenden Wirkungszusammenhänge, die Politiker verstehen müssen.

Deshalb wurde in diesem Buch zunächst im Rahmen der Systematisierung der Krankenhausfinanzierung erläutert, dass zwei Aspekte zu Wirtschaftlichkeitsanreizen in Krankenhäusern führen. Erstens, durch die Möglichkeit Investitionsentscheidungen auf der Ebene des Krankenhauses treffen zu können (monistische Finanzierungsstruktur), wird ein entscheidender Anreiz zu unternehmerischem Denken und Handeln gesetzt. Zweitens zeigten sich die Auswirkungen unterschiedlicher Vergütungssystematiken auf die medizinische Behandlungsintensität, die im Zusammenhang mit den erwarteten Gewinnen des Krankenhauses stehen.

Nur durch eine *prospektive* Vergütungssystematik wird es Krankenhäusern ermöglicht, Gewinne oder Verluste zu erwirtschaften. Da Krankenhäuser über die Kosten oder die Fallzahl Gewinne maximieren, implementiert eine prospektive Vergütungssystematik in erster Linie eine *starke Anreizwirkung Kosten zu sparen*. Dies kann aus der Perspektive des Patienten als Risiko interpretiert werden, Opfer von Moral Hazard Verhalten im Arzt-Patient Verhältnis zu werden. Der Financier muss mit dem Risiko einer Fallzahlausdehnung in profitablen

Fallgruppen rechnen. Patienten mit riskanten Fallgruppen sind in einer prospektiven Vergütungssystematik der *Risikoselektion* durch Leistungserbringer (Krankenhäuser, Versicherungen) ausgesetzt. Dies bedeutet, dass bei bestimmten Fallgruppen nicht mehr versucht wird, im Rahmen der Behandlung Kosten zu sparen, sondern dass das Bestreben von vornherein sein wird, das Patientengut zu selektieren, mit dem Ziel Hochrisiko-Patienten nicht zu behandeln.

Weiterführend wurde festgestellt, dass die DRG-Systematik mehr Transparenz im Leistungserstellungsprozess der Krankenhäuser schafft. Die neue Datenbasis, die durch DRG-Systeme in Krankenhäusern entsteht, liefert daher Ansatzpunkte für finanzwirtschaftliche Überlegungen. Ein wichtiger Beitrag der Markowitz'sche Portfolio-Theorie besteht darin, dass sie in ihrer Tobin'schen Erweiterung die Reihung medizinischer Maßnahmen nach Rendite/Risiko-Gesichtspunkten aus gesellschaftlicher Perspektive ermöglicht. Der Risikomanagement-Gedanke könnte auf der Krankenhausebene mit dem Value-at-Risk Konzept umgesetzt werden, wobei der wesentliche Beitrag eines aktiven Risikomanagements in einer zeitnah aktualisierten Risikovorsorge des Krankenhauses besteht. Diese Risikovorsorge könnte das Risiko von Budgetüberschreitungen auf der Abteilungs- und Krankenhausebene minimieren. Denkbar ist auch die Aggregation von Value-at-Risk Kennzahlen auf den höheren Ebenen des Krankenhauswesens (Landes-/Bundesebene), um so einen Beitrag zur Einhaltung vorgegebener Budgets zu leisten. Ausgehend von den in diesem Buch dargestellten Ergebnissen scheint die weitere Forschung hinsichtlich der Adaption des Value-at-Risk Konzepts für Krankenhäuser vielversprechend zu sein.

9 Mathematischer Anhang

9.1 Hogkin-McGuire Modell

zu Gewinn- und Kostenkalkül im Krankenhaus, Gleichung (11):

$$\pi = [\alpha + \beta c(l)]X(l) - X(l)c(l) + Y$$

$$\begin{aligned}
\frac{\partial \pi}{\partial l} &= [\beta c'X(l) + (\alpha + \beta c(l))X'] - [c'X(l) + c(l)X'] \\
&= \beta c'X(l) + \alpha X' + \beta c(l)X' - c'X(l) - c(l)X' \\
&= X'\left[\underbrace{\alpha + \beta c(l)}_{=p} - c(l)\right] - X(l)c'(1-\beta)
\end{aligned}$$

$$\underline{\frac{\partial \pi}{\partial l} = X'[p - c(l)] - X(l)c'(1-\beta)}$$

zu Nutzenmaximierung unter der Gewinn-Bedingung, Gleichung (14a):

HB: $\max_{l} U(\pi, l)$

NB:
$$\pi = [\alpha + \beta c(l)]X(l) - X(l)c(l) + Y$$
$$L = U(\pi; l) - \lambda[(\alpha + \beta c(l))X(l) - c(l)X(l) + Y - \pi]$$

(1)... $\dfrac{\partial L}{\partial \pi} = U_\pi + \lambda = 0$

(2)... $\dfrac{\partial L}{\partial l} = U_l - \lambda[X'[p - c(l)] - X(l)c'(1-\beta)] = 0$

(3)... $\dfrac{\partial L}{\partial \lambda} = -[(\alpha + \beta c(l))X(l) - c(l)X(l) + Y - \pi] = 0$

$$\underline{X'(p-c) - Xc'(1-\beta) + \frac{U_l}{U_\pi} = 0}$$

9.2 Modell zum Krankenhausverhalten bei Unsicherheit

zu „Gewinn-/Verlustkalkül unter Unsicherheit", Gleichung (17):

$$\frac{\partial E(\pi)}{\partial l} = \theta\left[\left(\beta\frac{\partial c(l)}{\partial l}X(l) + (\alpha + \beta c(l))\frac{\partial X(l)}{\partial l}\right) - \left(\frac{\partial c(l)}{\partial l}X(l) + c(l)\frac{\partial X(l)}{\partial l}\right)\right] +$$

$$+ (1-\theta)\left[\left(\frac{\partial c(l)}{\partial l}X(l) + c(l)\frac{\partial X(l)}{\partial l}\right) - \left(\beta\frac{\partial c(l)}{\partial l}X(l) + (\alpha + \beta c(l))\frac{\partial X(l)}{\partial l}\right)\right]$$

$$= \theta\beta\frac{\partial c(l)}{\partial l}X(l) + \theta\alpha\frac{\partial X(l)}{\partial l} + \theta\beta c(l)\frac{\partial X(l)}{\partial l} - \theta\frac{\partial c(l)}{\partial l}X(l) - \theta c(l)\frac{\partial X(l)}{\partial l} +$$

$$+ \frac{\partial c(l)}{\partial l}X(l) - \theta\frac{\partial c(l)}{\partial l}X(l) + c(l)\frac{\partial X(l)}{\partial l} - \theta c(l)\frac{\partial X(l)}{\partial l} - \beta\frac{\partial c(l)}{\partial l}X(l) +$$

$$+ \theta\beta\frac{\partial c(l)}{\partial l}X(l) - \alpha\frac{\partial X(l)}{\partial l} + \theta\alpha\frac{\partial X(l)}{\partial l} - \beta c(l)\frac{\partial X(l)}{\partial l} + \theta\beta c(l)\frac{\partial X(l)}{\partial l}$$

$$= 2\theta\beta\frac{\partial c(l)}{\partial l}X(l) + 2\theta\alpha\frac{\partial X(l)}{\partial l} + 2\theta\beta c(l)\frac{\partial X(l)}{\partial l} - 2\theta\frac{\partial c(l)}{\partial l}X(l) - 2\theta c(l)\frac{\partial X(l)}{\partial l}$$

$$+ \frac{\partial c(l)}{\partial l}X(l) + c(l)\frac{\partial X(l)}{\partial l} - \beta\frac{\partial c(l)}{\partial l}X(l) - \alpha\frac{\partial X(l)}{\partial l} - \beta c(l)\frac{\partial X(l)}{\partial l}$$

$$= \frac{\partial X(l)}{\partial l}[2\theta(p - c(l)) - (p - c(l))] + \frac{\partial c(l)}{\partial l}X(l)[2\theta(\beta - 1) - (\beta - 1)]$$

$$= \frac{\partial X(l)}{\partial l}[2\theta(p - c(l)) - (p - c(l))] - \frac{\partial c(l)}{\partial l}X(l)[2\theta(1 - \beta) - (1 - \beta)]$$

$$\underline{\underline{\frac{\partial E(\pi)}{\partial l} = X'[(p - c(l))(2\theta - 1)] - Xc'[(1 - \beta)(2\theta - 1)]}}$$

zu 5.3   Nutzenmaximierung unter der neuen Bedingung, Gleichungen (18) und (19)

HB: $\max_{l} U(\pi, l)$

NB: $E(\pi) = \theta[(\alpha + \beta c(l))X(l) - c(l)Xl)] + (1-\theta)[c(l)X(l) - (\alpha + \beta c(l))X(l)]$

$$L = U(\pi,l) - \lambda[\theta[(\alpha+\beta c(l))X(l) - c(l)Xl] + (1-\theta)[c(l)X(l) - (\alpha+\beta c(l))X(l)] - E(\pi)]$$

(1) $\dfrac{\partial L}{\partial \pi} = U_\pi + \lambda = 0$

(2) $\dfrac{\partial L}{\partial l} = U_l - \lambda(X'[(p-c(l))(2\theta-1)] - Xc'[(1-\beta)(2\theta-1)]) = 0$

(3) $\dfrac{\partial L}{\partial \lambda} = -[\theta[(\alpha+\beta c(l))X(l) - c(l)Xl] + (1-\theta)[c(l)X(l) - (\alpha+\beta c(l))X(l)] - E(\pi)] = 0$

---

(1) $U_\pi = -\lambda$ .. in (2)

(2) $U_l + U_\pi(X'[(p-c(l))(2\theta-1)] - Xc'[(1-\beta)(2\theta-1)]) = 0$

$U_l = -U_\pi(X'[(p-c(l))(2\theta-1)] - Xc'[(1-\beta)(2\theta-1)])$

$\dfrac{U_l}{U_\pi} = -(X'[(p-c(l))(2\theta-1)] - Xc'[(1-\beta)(2\theta-1)])$

$$X'[(p-c)(2\theta-1)] - Xc'[(1-\beta)(2\theta-1)] + \dfrac{U_l}{U_\pi} = 0$$

9.3 Modell zum Krankenhausverhalten bei Unsicherheit

FOC: $\underbrace{X'[(p-c(l))(2\theta-1)]}_{\text{VolumenEffekt}} - \underbrace{Xc'[(1-\beta)(2\theta-1)]}_{\text{MoralHazardEffekt}} + \underbrace{\dfrac{U_l}{U_\pi}}_{\text{NutzenEffekt}} = 0$

mit: $0 \leq \beta \leq 1$ und $0 \leq \theta \leq 1$ sowie $p = \alpha + \beta c(l)$

Für die folgende Diskussion wird die FOC in die Funktionen Moral Hazard (MH) und Volumen Effekt (V) aufgespalten:

$MH(\beta,\theta) = Xc'[(1-\beta)(2\theta-1)]$ ... mit $0 \leq \beta \leq 1$ und $0 \leq \theta \leq 1$

$V(\beta,\theta) = X'[(p-c(l))(2\theta-1)]$ ... mit $0 \leq \theta \leq 1$ und $p = \alpha + \beta c(l)$

9.3.1 Moral Hazard Effekt

Untersuchung des Krümmungsverhaltens der Funktion
$MH(\beta,\theta) = Xc'[(1-\beta)(2\theta-1)]$:

Moral Hazard Effekt

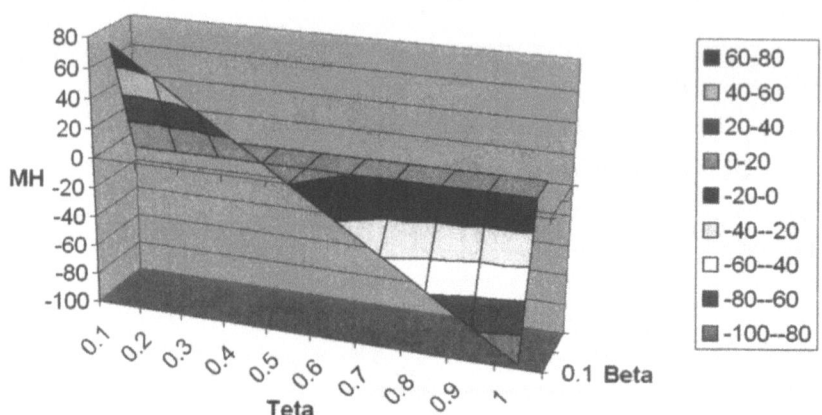

Abbildung 26: Moral Hazard Effekt Funktion

Ableitungen

$$\frac{\partial MH(\beta,\theta)}{\partial \beta} = Xc'[(1-2\theta)] \qquad \frac{\partial MH(\beta,\theta)}{\partial \theta} = Xc'[2-2\beta]$$

$$\frac{\partial^2 MH(\beta,\theta)}{\partial \beta^2} = 0 \qquad \frac{\partial^2 MH(\beta,\theta)}{\partial \theta^2} = 0$$

$$\frac{\partial MH(\beta,\theta)}{\partial \theta \partial \beta} = -2Xc' \qquad \frac{\partial MH(\beta,\theta)}{\partial \beta \partial \theta} = -2Xc'$$

Hesse-Matrix

Definition einer 2x2 Hesse Matrix der Funktion $f(x,y)$ an der Stelle X:

$$(H_f(X)) = \begin{pmatrix} \dfrac{\partial^2 f}{\partial x^2} & \dfrac{\partial f}{\partial x \partial y} \\ \dfrac{\partial f}{\partial y \partial x} & \dfrac{\partial^2 f}{\partial y^2} \end{pmatrix}$$

Unter Verwendung der obigen Ableitungen lautet die Hesse-Matrix von $MH(\beta,\theta)$ an der Stelle X:

$$(H_{MH}(X)) = \begin{pmatrix} \dfrac{\partial^2 MH(\beta,\theta)}{\partial \beta^2} & \dfrac{\partial MH(\beta,\theta)}{\partial \beta \partial \theta} \\ \dfrac{\partial MH(\beta,\theta)}{\partial \theta \partial \beta} & \dfrac{\partial^2 MH(\beta,\theta)}{\partial \theta^2} \end{pmatrix} = \begin{pmatrix} 0 & -2Xc' \\ -2Xc' & 0 \end{pmatrix}$$

Die allgemeinen Hauptminoren der Hesse-Matrix sind:

$|\tilde{H}_1| = 0$

$|\tilde{H}_2| = \det(H_{MH}(X)) = 4X^2 c'^2$

=> Die Hesse-Matrix ist indefinit.

Folgerung a)
Die Funktion weist keine Krümmung auf, ihre Steigung ist linear.

Gradient

Der Gradient der Funktion f(x,y) im Punkt (X) zeigt in die Richtung des steilsten Anstieges von f(x,y). Seine Länge gibt diese Steigung an. Das Gleichsetzen des Gradientenvektors mit dem Nullvektor und Auflösen nach den Variablen, liefert die Koordinaten des Maximums der untersuchten Funktion.

Definition des Gradienten der Funktion f(x,y) an der Stelle X:

$$\nabla f(X) = \begin{pmatrix} \dfrac{\partial f(x,y)}{\partial x} \\ \dfrac{\partial f(x,y)}{\partial y} \end{pmatrix}$$

Unter Verwendung den obigen Ableitungen lautet der Gradient von $MH(\beta,\theta)$ an der Stelle $X=\begin{pmatrix}0\\0\end{pmatrix}$:

$$\begin{pmatrix}\dfrac{\partial MH(\beta,\theta)}{\partial \beta}\\ \dfrac{\partial MH(\beta,\theta)}{\partial \theta}\end{pmatrix} = \begin{pmatrix}Xc'[(1-2\theta)]\\ Xc'[2-2\beta]\end{pmatrix} = \begin{pmatrix}0\\0\end{pmatrix} \qquad \nabla f(0,0) = \begin{pmatrix}0,5\\1\end{pmatrix}$$

Folgerung a)

An der Stelle $\beta = 1$ und $\theta = 0,5$ hat die Funktion ein Randminimum, das aufgrund der Definitionen $0 \leq \beta \leq 1$ und $0 \leq \theta \leq 1$ besteht.

Folgerung b)

Für $\theta = 0,5$ hat die Funktion $MH(\beta,\theta)$ den Wert 0, unabhängig von β.

Für $\beta = 1$ hat die Funktion $MH(\beta,\theta)$ den Wert 0, unabhängig von $\theta = 0,5$

9.3.2 Volumen Effekt

Untersuchung des Krümmungsverhaltens der Funktion $V(\beta,\theta) = X'[(p-c(l))(2\theta-1)]$:

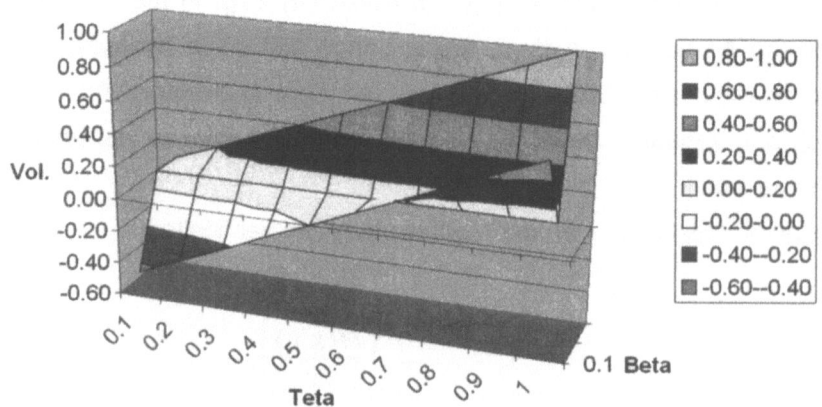

Abbildung 27: Volumen Effekt Funktion

MATHEMATISCHER ANHANG

Einsetzen von $p = \alpha + \beta c(l)$ ergibt: $V(\beta,\theta) = X'[(\alpha + \beta c(l) - c(l))(2\theta - 1)]$

Ableitungen

$$\frac{\partial V(\beta,\theta)}{\partial \beta} = X'[2\theta c(l) - c(l)] \qquad \frac{\partial V(\beta,\theta)}{\partial \theta} = X'[2\alpha + 2\beta c(l) - 2c(l)]$$

$$\frac{\partial^2 V(\beta,\theta)}{\partial \beta^2} = 0 \qquad \frac{\partial^2 V(\beta,\theta)}{\partial \theta^2} = 0$$

Folgerung

Es ist offensichtlich, dass die Hesse-Matrix wieder indefinit ist.

Die Funktion weist keine Krümmung auf, ihre Steigung ist linear.

Gradient

Das Gleichsetzen des Gradientenvektors mit dem Nullvektor und Auflösen nach den Variablen, liefert die Koordinaten des Maximums der untersuchten Funktion.

Unter Verwendung den obigen Ableitungen lautet der Gradient von $V(\beta,\theta)$ an der Stelle $X = \begin{pmatrix} 0 \\ 0 \end{pmatrix}$:

$$\begin{pmatrix} \frac{\partial V(\beta,\theta)}{\partial \beta} \\ \frac{\partial V(\beta,\theta)}{\partial \theta} \end{pmatrix} = \begin{pmatrix} X'[2\theta c(l) - c(l)] \\ X'[2\alpha + 2\beta c(l) - 2c(l)] \end{pmatrix} = \begin{pmatrix} 0 \\ 0 \end{pmatrix}$$

$$\nabla f(0,0) = \begin{pmatrix} 0{,}5 \\ 1 - \frac{\alpha}{c(l)} \end{pmatrix}$$

Folgerung a)

An der Stelle $\beta = 1 - \frac{\alpha}{c(l)}$ und $\theta = 0{,}5$ hat die Funktion ein Randminimum, das aufgrund der Definition $0 \leq \beta \leq 1$ und $0 \leq \theta \leq 1$ besteht.

Folgerung b)

In einem gemischten Vergütungssystem der Form $p = \alpha + \beta c(l)$, in dem „α" eine Fallpauschale und „β" den Prozentsatz der retrospektiven Kostenübernahme des Financiers darstellt, gilt für die Lösung $\beta = 1 - \frac{\alpha}{c(l)}$, dass das System voll retrospektiv ausgestaltet ist, da die Vergütung p den entstandenen Kosten $c(l)$ entspricht.

Beweis:

$$p = \alpha + \beta c(l)$$
$$p = \alpha + \left(1 - \frac{\alpha}{c(l)}\right)c(l)$$
$$p = \alpha + c(l) - \alpha$$
$$\underline{p = c(l)}$$

Folgerung c)

Für $\theta = 0{,}5$ hat die Funktion $V(\beta, \theta)$ den Wert 0, unabhängig β.

Für $\beta = 1 - \frac{\alpha}{c(l)}$ hat die Funktion $V(\beta, \theta)$ den Wert 0, unabhängig θ.

9.3.3 Lösung der Optimalitätsbedingung

Die Optimalitätsbedingung (FOC) ist unter der Bedingung $\frac{U_I}{U_\pi} = 0$ für folgende Werte erfüllt:

$\theta = 0{,}5$ ...immer   **und/oder** $\beta = 1$ sofern

$p = c(l)$...immer

Im Optimum gilt: $E(\pi_l) = 0$

Der zentrale Ansatz des Modells ist in Gleichung (15) beschrieben und soll nochmals näher ausgeführt werden.

(15) $\qquad E(\pi) = \theta(R - TC) + (1-\theta)(TC - R)$

MATHEMATISCHER ANHANG

Die Gewinnwahrscheinlichkeit θ hängt davon ab, wie schwer eine Erkrankung verläuft: Schwere Erkrankung → hohe Behandlungsintensität → hohe Kosten → niedriger Gewinn.

Der Grundgedanke für die Erwartungswertbildung ist, dass sich der erwartete Gewinn zusammensetzt aus der Differenz zwischen Revenue (R) und Total Costs (TC), gewichtet mit den Eintrittswahrscheinlichkeiten, dass es sich um einen Gewinn oder Verlust handelt. Im Kern handelt es sich um ein Bernoulli-Experiment. Unter einem Bernoulli-Experiment versteht man wiederholt durchgeführte, unabhängige Versuche, von denen jeder Versuch zwei mögliche Ausgänge hat. Die Wahrscheinlichkeit des Ereignisausgangs bleibt dabei konstant. Ein Beispiel hierfür ist der Münzwurf, bei dem eine nicht-gezinkte Münze mit der Wahrscheinlichkeit $\theta = 0,5$ auf „Kopf" und mit der Gegenwahrscheinlichkeit $1-\theta = 0,5$ auf „Zahl" fällt.

Um das Modell einfach zu halten, wurde nur π, also der Gewinn bzw. Verlust als Zufallsvariable definiert.

$$\pi = \begin{cases} R-TC & \text{mit Wahrscheinlichkeit } \theta \\ -(R-TC) = TC-R & \text{mit Wahrscheinlichkeit } 1-\theta \end{cases}$$

...mit $0 \leq \theta \leq 1$

Die Zufallsvariable π wird durch die Formulierungen R-TC und TC-R linear transformiert. Die Ergebnisse der First Order Condition wurden unter der Annahme konstanter und nicht konstanter Wahrscheinlichkeiten numerisch simuliert.

10 Tabellenanhang

10.1 Numerische Lösung der FOC

Tabelle 1: Variation der Gewinnwahrscheinlichkeit bei $\beta = 0{,}1$

Erwartungswert m.Gew. $E(\pi)$	Volumen Effekt, X'	MH-Effekt, Xc'	β	θ
77,32	-0,44	77,76	0,1	0,1
57,99	-0,33	58,32	0,1	0,2
38,66	-0,22	38,88	0,1	0,3
19,33	-0,11	19,44	0,1	0,4
0,00	0,00	0	0,1	0,5
-19,33	0,11	-19,44	0,1	0,6
-38,66	0,22	-38,88	0,1	0,7
-57,99	0,33	-58,32	0,1	0,8
-77,32	0,44	-77,76	0,1	0,9
-96,64	0,56	-97,2	0,1	1

Tabelle 2: Variation der Gewinnwahrscheinlichkeit bei $\beta = 0{,}2$

Erwartungswert m.Gew. $E(\pi)$	Volumen Effekt, X'	MH-Effekt, Xc'	β	θ
68,68	-0,44	69,12	0,2	0,1
51,51	-0,33	51,84	0,2	0,2
34,34	-0,22	34,56	0,2	0,3
17,17	-0,11	17,28	0,2	0,4
0,00	0,00	0	0,2	0,5
-17,17	0,11	-17,28	0,2	0,6
-34,34	0,22	-34,56	0,2	0,7
-51,51	0,33	-51,84	0,2	0,8
-68,68	0,44	-69,12	0,2	0,9
-85,84	0,56	-86,4	0,2	1

Tabelle 3: Variation der Gewinnwahrscheinlichkeit bei $\beta = 0{,}3$

Erwartungswert m.Gew. $E(\pi)$	Volumen Effekt, X'	MH-Effekt, Xc'	β	θ
60,04	-0,44	60,48	0,3	0,1
45,03	-0,33	45,36	0,3	0,2
30,02	-0,22	30,24	0,3	0,3
15,01	-0,11	15,12	0,3	0,4
0,00	0,00	0	0,3	0,5
-15,01	0,11	-15,12	0,3	0,6
-30,02	0,22	-30,24	0,3	0,7
-45,03	0,33	-45,36	0,3	0,8
-60,04	0,44	-60,48	0,3	0,9
-75,04	0,56	-75,6	0,3	1

Tabelle 4: Variation der Gewinnwahrscheinlichkeit bei β = 0,4

Erwartungswert m.Gew. E(π)	Volumen Effekt, X´	MH-Effekt, Xc´	β	θ
51,40	-0,44	51,84	0,4	0,1
38,55	-0,33	38,88	0,4	0,2
25,70	-0,22	25,92	0,4	0,3
12,85	-0,11	12,96	0,4	0,4
0,00	0,00	0	0,4	0,5
-12,85	0,11	-12,96	0,4	0,6
-25,70	0,22	-25,92	0,4	0,7
-38,55	0,33	-38,88	0,4	0,8
-51,40	0,44	-51,84	0,4	0,9
-64,24	0,56	-64,8	0,4	1

Tabelle 5: Variation der Gewinnwahrscheinlichkeit bei β = 0,5

Erwartungswert m.Gew. E(π)	Volumen Effekt, X´	MH-Effekt, Xc´	β	θ
42,76	-0,44	43,2	0,5	0,1
32,07	-0,33	32,4	0,5	0,2
21,38	-0,22	21,6	0,5	0,3
10,69	-0,11	10,8	0,5	0,4
0,00	0,00	0	0,5	0,5
-10,69	0,11	-10,8	0,5	0,6
-21,38	0,22	-21,6	0,5	0,7
-32,07	0,33	-32,4	0,5	0,8
-42,76	0,44	-43,2	0,5	0,9
-53,44	0,56	-54	0,5	1

Tabelle 6: Variation der Gewinnwahrscheinlichkeit bei β = 0,6

Erwartungswert m.Gew. E(π)	Volumen Effekt, X´	MH-Effekt, Xc´	β	θ
34,12	-0,44	34,56	0,6	0,1
25,59	-0,33	25,92	0,6	0,2
17,06	-0,22	17,28	0,6	0,3
8,53	-0,11	8,64	0,6	0,4
0,00	0,00	0	0,6	0,5
-8,53	0,11	-8,64	0,6	0,6
-17,06	0,22	-17,28	0,6	0,7
-25,59	0,33	-25,92	0,6	0,8
-34,12	0,44	-34,56	0,6	0,9
-42,64	0,56	-43,2	0,6	1

TABELLENANHANG

Tabelle 7: Variation der Gewinnwahrscheinlichkeit bei $\beta = 0{,}7$

Erwartungswert m.Gew. E(π)	Volumen Effekt, X´	MH-Effekt, Xc´	β	θ
25,48	-0,44	25,92	0,7	0,1
19,11	-0,33	19,44	0,7	0,2
12,74	-0,22	12,96	0,7	0,3
6,37	-0,11	6,48	0,7	0,4
0,00	0,00	0	0,7	0,5
-6,37	0,11	-6,48	0,7	0,6
-12,74	0,22	-12,96	0,7	0,7
-19,11	0,33	-19,44	0,7	0,8
-25,48	0,44	-25,92	0,7	0,9
-31,84	0,56	-32,4	0,7	1

Tabelle 8: Variation der Gewinnwahrscheinlichkeit bei $\beta = 0{,}8$

Erwartungswert m.Gew. E(π)	Volumen Effekt, X´	MH-Effekt, Xc´	β	θ
16,84	-0,44	17,28	0,8	0,1
12,63	-0,33	12,96	0,8	0,2
8,42	-0,22	8,64	0,8	0,3
4,21	-0,11	4,32	0,8	0,4
0,00	0,00	0	0,8	0,5
-4,21	0,11	-4,32	0,8	0,6
-8,42	0,22	-8,64	0,8	0,7
-12,63	0,33	-12,96	0,8	0,8
-16,84	0,44	-17,28	0,8	0,9
-21,04	0,56	-21,6	0,8	1

Tabelle 9: Variation der Gewinnwahrscheinlichkeit bei $\beta = 0{,}9$

Erwartungswert m.Gew. E(π)	Volumen Effekt, X´	MH-Effekt, Xc´	β	θ
8,20	-0,44	8,64	0,9	0,1
6,15	-0,33	6,48	0,9	0,2
4,10	-0,22	4,32	0,9	0,3
2,05	-0,11	2,16	0,9	0,4
0,00	0,00	0	0,9	0,5
-2,05	0,11	-2,16	0,9	0,6
-4,10	0,22	-4,32	0,9	0,7
-6,15	0,33	-6,48	0,9	0,8
-8,20	0,44	-8,64	0,9	0,9
-10,24	0,56	-10,8	0,9	1

Tabelle 10: Variation der Gewinnwahrscheinlichkeit bei β = 1

Erwartungswert m.Gew. E(π)	Volumen Effekt, X´	MH-Effekt, Xc´	β	θ
0,00	0,00	0	1	0,1
0,00	0,00	0	1	0,2
0,00	0,00	0	1	0,3
0,00	0,00	0	1	0,4
0,00	0,00	0	1	0,5
0,00	0,00	0	1	0,6
0,00	0,00	0	1	0,7
0,00	0,00	0	1	0,8
0,00	0,00	0	1	0,9
0,00	0,00	0	1	1

Tabelle 11: Variation der Gewinnwahrscheinlichkeit bei β = 0

Erwartungswert m.Gew. E(π)	Volumen Effekt, X´	MH-Effekt, Xc´	β	θ
85,96	-0,44	86,4	0	0,1
64,47	-0,33	64,8	0	0,2
42,98	-0,22	43,2	0	0,3
21,49	-0,11	21,6	0	0,4
0,00	0,00	0	0	0,5
-21,49	0,11	-21,6	0	0,6
-42,98	0,22	-43,2	0	0,7
-64,47	0,33	-64,8	0	0,8
-85,96	0,44	-86,4	0	0,9
-107,44	0,56	-108	0	1

Tabelle 12: Variation der retrospektiven Vergütung bei θ = 0,1

Erwartungswert m.Gew. E(π)	Volumen Effekt, X´	MH-Effekt, Xc´	β	θ
77,32	-0,44	77,76	0,1	0,1
68,68	-0,44	69,12	0,2	0,1
60,04	-0,44	60,48	0,3	0,1
51,40	-0,44	51,84	0,4	0,1
42,76	-0,44	43,2	0,5	0,1
34,12	-0,44	34,56	0,6	0,1
25,48	-0,44	25,92	0,7	0,1
16,84	-0,44	17,28	0,8	0,1
8,20	-0,44	8,64	0,9	0,1
0,00	0,00	0	1	0,1

Tabelle 13: Variation der retrospektiven Vergütung bei θ = 0,2

Erwartungswert m.Gew. E(π)	Volumen Effekt, X´	MH-Effekt, Xc´	β	θ
57,99	-0,33	58,32	0,1	0,2
51,51	-0,33	51,84	0,2	0,2
45,03	-0,33	45,36	0,3	0,2
38,55	-0,33	38,88	0,4	0,2
32,07	-0,33	32,4	0,5	0,2
25,59	-0,33	25,92	0,6	0,2
19,11	-0,33	19,44	0,7	0,2
12,63	-0,33	12,96	0,8	0,2
6,15	-0,33	6,48	0,9	0,2
0,00	0,00	0	1	0,2

Tabelle 14: Variation der retrospektiven Vergütung bei θ = 0,3

Erwartungswert m.Gew. E(π)	Volumen Effekt, X´	MH-Effekt, Xc´	β	θ
38,66	-0,22	38,88	0,1	0,3
34,34	-0,22	34,56	0,2	0,3
30,02	-0,22	30,24	0,3	0,3
25,70	-0,22	25,92	0,4	0,3
21,38	-0,22	21,6	0,5	0,3
17,06	-0,22	17,28	0,6	0,3
12,74	-0,22	12,96	0,7	0,3
8,42	-0,22	8,64	0,8	0,3
4,10	-0,22	4,32	0,9	0,3
0,00	0,00	0	1	0,3

Tabelle 15: Variation der retrospektiven Vergütung bei θ = 0,4

Erwartungswert m.Gew. E(π)	Volumen Effekt, X´	MH-Effekt, Xc´	β	θ
19,33	-0,11	19,44	0,1	0,4
17,17	-0,11	17,28	0,2	0,4
15,01	-0,11	15,12	0,3	0,4
12,85	-0,11	12,96	0,4	0,4
10,69	-0,11	10,8	0,5	0,4
8,53	-0,11	8,64	0,6	0,4
6,37	-0,11	6,48	0,7	0,4
4,21	-0,11	4,32	0,8	0,4
2,05	-0,11	2,16	0,9	0,4
0,00	0,00	0	1	0,4

Tabelle 16: Variation der retrospektiven Vergütung bei θ = 0,5

Erwartungswert m.Gew. E(π)	Volumen Effekt, X'	MH-Effekt, Xc'	β	θ
0,00	0,00	0	0,1	0,5
0,00	0,00	0	0,2	0,5
0,00	0,00	0	0,3	0,5
0,00	0,00	0	0,4	0,5
0,00	0,00	0	0,5	0,5
0,00	0,00	0	0,6	0,5
0,00	0,00	0	0,7	0,5
0,00	0,00	0	0,8	0,5
0,00	0,00	0	0,9	0,5
0,00	0,00	0	1	0,5

Tabelle 17: Variation der retrospektiven Vergütung bei θ = 0,6

Erwartungswert m.Gew. E(π)	Volumen Effekt, X'	MH-Effekt, Xc'	β	θ
-19,33	0,11	-19,44	0,1	0,6
-17,17	0,11	-17,28	0,2	0,6
-15,01	0,11	-15,12	0,3	0,6
-12,85	0,11	-12,96	0,4	0,6
-10,69	0,11	-10,8	0,5	0,6
-8,53	0,11	-8,64	0,6	0,6
-6,37	0,11	-6,48	0,7	0,6
-4,21	0,11	-4,32	0,8	0,6
-2,05	0,11	-2,16	0,9	0,6
0,00	0,00	0	1	0,6

Tabelle 18a: Variation der retrospektiven Vergütung bei θ = 0,7 und p − c = 3 €

Erwartungswert m.Gew. E(π)	Volumen Effekt, X'	MH-Effekt, Xc'	β	θ
-38,66	0,22	-38,88	0,1	0,7
-34,34	0,22	-34,56	0,2	0,7
-30,02	0,22	-30,24	0,3	0,7
-25,70	0,22	-25,92	0,4	0,7
-21,38	0,22	-21,6	0,5	0,7
-17,06	0,22	-17,28	0,6	0,7
-12,74	0,22	-12,96	0,7	0,7
-8,42	0,22	-8,64	0,8	0,7
-4,10	0,22	-4,32	0,9	0,7
0,00	0,00	0	1	0,7

Tabelle 18b: Variation der retrospektiven Vergütung bei θ = 0,7 und p – c = 30 €

Erwartungswert m.Gew. E(π)	Volumen Effekt, X´	MH-Effekt, Xc´	β	θ
-36,66	2,22	-38,88	0,1	0,7
-32,34	2,22	-34,56	0,2	0,7
-28,02	2,22	-30,24	0,3	0,7
-23,70	2,22	-25,92	0,4	0,7
-19,38	2,22	-21,6	0,5	0,7
-15,06	2,22	-17,28	0,6	0,7
-10,74	2,22	-12,96	0,7	0,7
-6,42	2,22	-8,64	0,8	0,7
-2,10	2,22	-4,32	0,9	0,7
0,00	0,00	0	1	0,7

Tabelle 19: Variation der retrospektiven Vergütung bei θ = 0,8

Erwartungswert m.Gew. E(π)	Volumen Effekt, X´	MH-Effekt, Xc´	β	θ
-57,99	0,33	-58,32	0,1	0,8
-51,51	0,33	-51,84	0,2	0,8
-45,03	0,33	-45,36	0,3	0,8
-38,55	0,33	-38,88	0,4	0,8
-32,07	0,33	-32,4	0,5	0,8
-25,59	0,33	-25,92	0,6	0,8
-19,11	0,33	-19,44	0,7	0,8
-12,63	0,33	-12,96	0,8	0,8
-6,15	0,33	-6,48	0,9	0,8
0,00	0,00	0	1	0,8

Tabelle 20: Variation der retrospektiven Vergütung bei θ = 0,9

Erwartungswert m.Gew. E(π)	Volumen Effekt, X´	MH-Effekt, Xc´	β	θ
-77,32	0,44	-77,76	0,1	0,9
-68,68	0,44	-69,12	0,2	0,9
-60,04	0,44	-60,48	0,3	0,9
-51,40	0,44	-51,84	0,4	0,9
-42,76	0,44	-43,2	0,5	0,9
-34,12	0,44	-34,56	0,6	0,9
-25,48	0,44	-25,92	0,7	0,9
-16,84	0,44	-17,28	0,8	0,9
-8,20	0,44	-8,64	0,9	0,9
0,00	0,00	0	1	0,9

Tabelle 21: Variation der retrospektiven Vergütung bei θ = 1

Erwartungswert m.Gew. E(π)	Volumen Effekt, X'	MH-Effekt, Xc⁻¹	β	θ
-96,64	0,56	-97,2	0,1	1
-85,84	0,56	-86,4	0,2	1
-75,04	0,56	-75,6	0,3	1
-64,24	0,56	-64,8	0,4	1
-53,44	0,56	-54	0,5	1
-42,64	0,56	-43,2	0,6	1
-31,84	0,56	-32,4	0,7	1
-21,04	0,56	-21,6	0,8	1
-10,24	0,56	-10,8	0,9	1
0,00	0,00	0	1	1

Tabelle 22: Variation der retrospektiven Vergütung bei θ = 0

Erwartungswert m.Gew. E(π)	Volumen Effekt, X'	MH-Effekt, Xc⁻¹	β	θ
96,64	-0,56	97,2	0,1	0
85,84	-0,56	86,4	0,2	0
75,04	-0,56	75,6	0,3	0
64,24	-0,56	64,8	0,4	0
53,44	-0,56	54	0,5	0
42,64	-0,56	43,2	0,6	0
31,84	-0,56	32,4	0,7	0
21,04	-0,56	21,6	0,8	0
10,24	-0,56	10,8	0,9	0
0,00	0,00	0	1	0

11 Verzeichnisanhang

11.1 Tabellenverzeichnis

Tabelle: Nebendiagnose-Kategorien der AR-DRGs (Quelle: Fischer 2000) 41
Tabelle: Schweregrad-Werte der Nebendiagnosen (Quelle: Fischer 2000) 41
Tabelle 1: Variation der Gewinnwahrscheinlichkeit bei β = 0,1 153
Tabelle 2: Variation der Gewinnwahrscheinlichkeit bei β = 0,2 153
Tabelle 3: Variation der Gewinnwahrscheinlichkeit bei β = 0,3 153
Tabelle 4: Variation der Gewinnwahrscheinlichkeit bei β = 0,4 154
Tabelle 5: Variation der Gewinnwahrscheinlichkeit bei β = 0,5 154
Tabelle 6: Variation der Gewinnwahrscheinlichkeit bei β = 0,6 154
Tabelle 7: Variation der Gewinnwahrscheinlichkeit bei β = 0,7 155
Tabelle 8: Variation der Gewinnwahrscheinlichkeit bei β = 0,8 155
Tabelle 9: Variation der Gewinnwahrscheinlichkeit bei β = 0,9 155
Tabelle 10: Variation der Gewinnwahrscheinlichkeit bei β = 1 156
Tabelle 11: Variation der Gewinnwahrscheinlichkeit bei β = 0 156
Tabelle 12: Variation der retrospektiven Vergütung bei θ = 0,1 156
Tabelle 13: Variation der retrospektiven Vergütung bei θ = 0,2 157
Tabelle 14: Variation der retrospektiven Vergütung bei θ = 0,3 157
Tabelle 15: Variation der retrospektiven Vergütung bei θ = 0,4 157
Tabelle 16: Variation der retrospektiven Vergütung bei θ = 0,5 158
Tabelle 17: Variation der retrospektiven Vergütung bei θ = 0,6 158
Tabelle 18a: Variation der retrospektiven Vergütung bei θ = 0,7 158
Tabelle 18b: Variation der retrospektiven Vergütung bei θ = 0,7 159
Tabelle 19: Variation der retrospektiven Vergütung bei θ = 0,8 159
Tabelle 20: Variation der retrospektiven Vergütung bei θ = 0,9 159
Tabelle 21: Variation der retrospektiven Vergütung bei θ = 1 160
Tabelle 22: Variation der retrospektiven Vergütung bei θ = 0 160

11.2 Abbildungsverzeichnis

Abbildung 1: Akteure in der Krankenhausfinanzierung..25
Abbildung 2: Monistische und Duale Krankenhausfinanzierung...............................30
Abbildung 3: DRG Gruppierungsschema (Quelle: Münch 2002)..............................39
Abbildung 4: Beispiel für eine AR-DRG..42
Abbildung 5: Risikodimensionen in der Krankenhausfinanzierung...........................51
Abbildung 6: Fallzahl in Abhängigkeit der Behandlungsintensität............................60
Abbildung 7: Fallkosten in Abhängigkeit der Behandlungsintensität........................ 61
Abbildung 6b: Behandlungsintensitätsausweitung im retrospektiven Vergütungssystem... 66
Abbildung 8: Variation der Gewinnwahrscheinlichkeit bei konstantem β..................85
Abbildung 9: Moral Hazard Effekt bei Variation der Gewinnwahrscheinlichkeit.......... 87
Abbildung 10: Stärke der Moral Hazard-Anreizwirkung...88
Abbildung 11: Risikoselektion des Patientenguts...91
Abbildung 12: Stärke der Anreizwirkung zu Risikoselektion....................................92
Abbildung 13: Volumen Effekt bei Variation der Gewinnwahrscheinlichkeit...............94
Abbildung 14: Volumen Effekt und Risikoselektion.. 95
Abbildung 15: Variation von β bei konstanter Gewinnwahrscheinlichkeit..................97
Abbildung 16: Moral Hazard Effekt bei Variation von β... 98
Abbildung 17: Risikoselektion bei Variation von β...99
Abbildung 18: Diversifikationseffekt bei unterschiedlicher Korrelation....................114
Abbildung 19: Effiziente Grenze und Minimumvarianzportfolio..............................115
Abbildung 20: Optimales Portfolio...115
Abbildung 21: Separationstheorem von Tobin...116
Abbildung 22: Kosten/Nutzen-Portfolio medizinischer Maßnahmen (Quelle:Leidl/Schweikert)..118
Abbildung 23: Krankenhausbudget bei Risiko...131
Abbildung 24: Typische DRG-Kostenverteilung...134
Abbildung 25: Quellen der Kosteninhomogenität in DRG-Fallgruppen...................136
Abbildung 26: Risikovorsorge in DRG-Fallgruppe..138
Abbildung 26: Moral Hazard Effekt Funktion...146
Abbildung 27: Volumen Effekt Funktion..148

12 Literatur

Akerlof, G.: The Market of Lemons: Qualitative Uncertainty and the Market Mechanism, In: Quarterly Journal of Economics, 84. Jg. 1970, Heft 3, S. 488-500.

Arnold M., Litsch M., Schellschmidt H.: Krankenhaus-Report 2000: Schwerpunkt Vergütungsreform mit DRGs. Stuttgart / New York 2000.

Arnold, M./Paffrath, D. (Hrsg.): Krankenhaus-Report '93. Schwerpunkt: Fallpauschale. Stuttgart 1993.

Arrow K., Lind R.: Uncertainty and the evaluation of public investment decisions. In: American Economic Review, 60. Jg 1970, Heft 3, S. 364-378.

Bauer, M., Bach A.: Gesetzliche Regelungen zur Krankenhausfinanzierung: Entwicklung und Auswirkungen. In: Anaesthesist, Springer Verlag 1999, Nr. 48, S. 417-427.

Brent, R.: Cost-Benefit Analysis and Health Care Evaluations. Cheltenham, UK – Northampton, MA, USA 2003.

Breyer, F., Zweifel, P., Kifman M.: Gesundheitsökonomik, 5. Aufl., Berlin 2004, S.26, S. 339.

Breyer, F.: Krankenhausfinanzierung jenseits des Kostendeckungsprinzips: Die Fallpauschale. In: Arnold/Paffrath, Stuttgart 1993, S.31-41.

Bridges J., Terris, D.: Portfolio evaluation of health programs: a reply to Sendi et al. In: Social Science & Medicine, 58. Jg. 2004, Heft 10, S. 1849-1851.

Bridges, J., Stewart, M., King, M., van Gool, K.: Adapting portfolio theory for investment in health with a multiplicative extension for treatment synergies. In: European Journal of Health Economics, 3. Jg. 2002, Heft 1, S.47-53.

Butler, J.: Hospital cost analysis. Developments in Health Economics and Public Policy, Vol. 3, 1995, Dordrecht and Boston: Kluwer Academic Press.

Carter, G.M., Newhouse J.P., Relles D.A: How Much Change In The Case Mix Index Is DRG Creep? In: Journal of Health Economics, 9. Jg, 1990, S. 411 - 428.

Chirikos, T., Sear, A.: Measuring hospital efficiency: a comparison of two approaches. In: Health Services Research, 34. Jg, 2000, Heft 6: S. 1389 -1408.

Conrad, D., Wickizer T., Maynard C., Klastorin T., Lessler D., Ross A., Soderstrom N., Sullivan S., Alexander J., Travis K.: Managing care, incentives, and information: an exploratory look inside the "Black Box" of hospital efficiency. In: Health Services Research, 31 Jg., Heft 3, 1996, S. 235 - 259.

Conviser, R., Gamliel, S., Honberg, L.: Health-based payment for HIV in Medicaid managed care programs. In: Health Care Financing Review, 1998, 19. Jg., S. 63-82.

Cutler, D., McClellan, M., Newhouse, J.: The costs and benefits of intensive treatment for cardiovascular disease, 1998, In: NBER working paper 6514.

Cutler, D., Zeckhauser R.: Adverse Selection in Health Insurance, NBER Working Paper Nr. 6107, 1997.

Cutler, D.: The incidence of adverse medical outcomes under prospective payment. In: Econometrica, 63. Jg., 1995, S. 29 - 50.

Eichhorn, S.: Ansatzpunkte und Methoden zur Beurteilung der Leistungsfähigkeit der Krankenhausversorgung. In: Krankenhaus Umschau, 1997, Heft 6, S. 459-464.

Ellis, R., McGuire, T.: Optimal payment systems for health services. In: Journal of Health Economics, 9. Jg. 1990, Heft 4, S.375-396.

Ellis, R., McGuire, T.: Provider Behavior Under Prospective Reimbursement: Cost Sharing and Supply. In: Journal of Health Economics, 5. Jg, 1986, S. 129-151.

Ellis, R., McGuire, T.: Supply-side and Demand-side Cost Sharing in Health Care. In: Journal of Economic Perspectives, 7. Jg., 1993, S. 135-151.

Ellis, R.: Creaming, skimping and dumping: provider competition on the intensive and extensive margins. In: Journal of Health Economics, 17. Jg. 1998, Heft 5, S. 511-644.

Feldman, R., Dowd, B.: Simulation of a health insurance market with adverse selection. In: Operations Research, 1982, 30. Jg., S. 027-1042.

Feldstein, M.: Hospital cost inflation: a study of nonprofit price dynamics. In: American Economic Review, Jg. 51, 1971, S. 853 - 872.

Fischer, W.: Grundzüge von DRG-Systemen. In: Arnold, Litsch, Schellschmidt (Hrsg.): Krankenhaus-Report 2000. Schwerpunkt: Vergütungsreform mit DRGs. Stuttgart/New York 2000. S. 13-31.

Fischer, W.: Vergleiche von Kostengewichten. 1997.www.fischer-zim.ch/streiflicht/Kosten-Gewichte-9710.htm. Stand: 8.5.2005.

Frank, R., Lave J.: A comparison of hospital responses to reimbursement policies for Medicaid psychiatric patients. In: Rand Journal of Economics, 1989, 24. Jg., S. 588-600.

Glazer, J., McGuire, T.: Payer competition and cost shifting in health care. In: Journal of Economics, Management and Strategy, 1994, 3. Jg. S. 71-92.

Günster, C.: Ausreißerregelungen in DRG-Systemen. In: Arnold, Litsch, Schellschmidt (Hrsg.): Krankenhausreport 2000. Schwerpunkt: Vergütungsreform mit DRGs. Stuttgart/New York 2000. S. 141-157.

Günster, C.: Australian Refined Diagnosis Related Groups (AR-DRGs). Wissenschaftliches Institut der AOK (WIdO) 2000.

Hill, J., Brown, R.: Biased Selection in the TEFRA HMO/CMP Program, Princeton 1990, Mathematica Policy Research, Inc.

Hodgkin, D., McGuire, T.: Payment levels and hospital response to prospective payment. In: Journal of Health Economics, 13. Jg. 1994, Heft 1, S. 1-29.

Horgby, P-J.: Risk management and health investments: a portfolio approach. In: Zeitschrift für Gesundheitswissenschaften, 6. Jg 1998, Heft 2, S. 178-182.

Jorion, P.: Value at Risk. The New Benchmark for Managing Financial Risk, 2. Aufl., Boston 2002, S. 110.

KHEntgG: Gesetz über die Entgelte für voll- und teilstationäre Krankenhausleistungen (Krankenhausentgeltgesetz), vom 23. April 2002, In: BGBl I 2002, § 10 Abs.1.

Labelle, R. / Stoddart, G. / Rice, T.: A Re-Examination of the Meaning and Importance of Supplier-Induced Demand. In: Journal of Health Economics, 1994, 13. Jg.,S. 347-368.

Lauterbach, K., Lindlar, L.: Informationstechnologien im Gesundheitwesen. Telemedizin in Deutschland. Bonn 1999, Friedrich-Ebert-Stiftung.

Leidl, R., Schweikert, B.: Entscheidungen bei „schwierigen" Kosten-Effektivitätsrelationen an einem Beispiel aus dem Reha-Bereich. Zur Verfügung gestellt von Prof. Dr. Theurl.

Linna, M.: Measuring hospital cost efficiency with panel data Models. In: Health Economics, 7. Jg., Heft 5, 1998, S. 415 - 427.

Markowitz, H.: Portfolio Selection. In: Journal of Finance, 7. Jg. 1952, S. 77-91.

McGuire, Thomas: Physician Agency. In: Culyer, Newhouse, Handbook of Health Economics, North Holland, Amsterdam 2000, S. 461-536.

Medicare Payment Advisory Commission (MedPAC): Accounting for variation in hospital financial performance under prospective payment. 2003. S. 42. http://www.medpac.gov/publications/congressional_reports/June03_Ch3.pdf.Stand: 22.06.2005

Morra, F.: Wirkungsorientiertes Krankenhausmanagement: Ein Führungshandbuch. Bern/Stuttgart/Wien 1996, S. 94-116

Münch, A.: Einführung in das DRG-System. BKK Landesverband Bayern 2002, Powerpointpräsentation.

Musil, A.: Stärkere Eigenverantwortung in der Gesetzlichen Krankenversicherung: Eine agency theoretische Betrachtung. Wiesbaden 2003.

Newhouse, J., Buntin, M., Chapman, J.: Risk Adjustment and Medicare: Taking a Closer Look. In: Health Affairs, 1997, 16. Jg., S. 26-43.

Newhouse, J.: Reimbursing Health Plans and Health Providers: Selection versus Efficiency in Production. In: Journal of Economic Literature, 1996, 34 Jg., S. 1236-1263

Newhouse, J.: Toward a theory of non-profit institution: an economic model of a hospital. In: American Economic Review, Jg. 60, 1970, S. 64 -74.

Norton, E., Staiger, D.: How Hospital Ownership Affects Access to Care for the Unisured. In: RAND Journal of Economics, 1994, 25. Jg., S.171-185.

O´Brien B., Sculpher M.: Building uncertainty into cost-effectiveness rankings: portfolio risk-return trade offs and implications for decision rules. In: Med Care, 38. Jg. 2000, Heft 5, S.460-468.

Physician Payment Review Commission: Annual Report to Congress, Chapter 15, "Risk Selection and Risk Adjustment in Medicare", 1996, S. 255-279

Physician Payment Review Commission: Annual Report to Congress, Chapter 4, "Implementing Risk Adjustment in the Medicare Program", 1997, S. 77-102.

Pope, G.: Hospital nonprice competition and Medicare reimbursement policy. In: Journal of Health Economics 8. Jg, 1989, S. 147 - 172.

Pope, G.C.: Using Hospital-Specific Costs to Improve the Fairness of Prospective Reimbursement. In: Journal of Health Economics, 9. Jg, 1990, S. 237-251.

Schmidt R., Terberger E.: Grundzüge der Investitions- und Finanzierungstheorie. 4. Aufl., Wiesbaden 1997, S. 312-340.

Schredelseker, K.: Grundlagen der Finanzwirtschaft: Ein informationsökonomischer Zugang. München Wien 2002, S. 408.

Schredelseker, K.: Portefeuilletheorie – Eine Einführung. 2. Aufl., Innsbruck 1995, S. 6.

Schulenburg, M., Greiner W.: Gesundheitsökonomik. Tübingen 2000, S. 23.

Selden, T.: A Model of Capitation. In: Journal of Health Economics, 1990, 9. Jg., S. 397-409.

Sell, St.: Einführung eines durchgängig (fall)pauschalierenden Vergütungssystems für Krankenhausleistungen auf DRG-Basis. Eine Literaturübersicht. In: Sozialer Fortschritt. Unabhängige Zeitschrift für Sozialpolitik, 2000, Heft 5, S.102-115.

Sendi, P., Al, M., Gafni, A., Birch, S.: Optimizing a portfolio of health care programs in the presence of uncertainty and constrained resources. In: Social Science & Medicine, 57. Jg. 2003, Heft 11, S. 2207-2215

Sendi, P., Al, M., Gafni, A., Birch, S.: Portfolio theory and the alternative decision rule of cost-effectiveness analysis: theoretiCML and practiCML considerations. In: Social Science & Medicine, 58. Jg. 2004, Heft 10, S.1853-1855.

Sendi, P., Al, M., Rutten, F.: Portfolio Theory and Cost-Effectiveness Analysis: A Further Discussion. In: Value in Health, 7. Jg. 2004, Heft 5, S. 595-601.

Sendi, P., Al, M., Zimmermann, H.: A Risk-Adjusted Approach to Comparing the Return on Investment in Health Care Programs. In: International Journal of Health Care Finance and Economics, 4. Jg. 2004, Heft 3, S. 199-210.

Spremann, K., Gantenbein, P.: Kapitalmärkte. Stuttgart 2005, S. 236.

Statistisches Bundesamt: Gesundheitsausgaben nach Einrichtungen. 2005. http://www.destatis.de/basis/d/gesu/gesutab6.php. Stand: 11.6.2006

Stigler, G., Becker G.: De Gustibus Non Est Disputandum. In: The American Economic Review, 67. Jg. 1977, Heft 2, S. 76-90.

Stolpe, M.: Die Erstellung medizinischer Leistungen – entscheidungstheoretische Grundlagen und gesundheitspolitischer Handlungsbedarf. In: Kieler Arbeitspapier, 2004, Nr. 1222, S. 119-123.

Thiele, G.: Praxishandbuch: Einführung der DRGs in Deutschland. Heidelberg 2001, S. 58.

Tobin, J.: Liquidity Preference as Behavior Towards Risk. In: Review of Economic Studies, 1958 Nr. 67, S. 65-86

Raphael Ujlaky

Innovations-Risikomanagement im Krankenhaus

Frankfurt am Main, Berlin, Bern, Bruxelles, New York, Oxford, Wien, 2005.
XXIV, 386 S., zahlr. Abb., Tab. und Graf.
Europäische Hochschulschriften: Reihe 5, Volks- und Betriebswirtschaft.
Bd. 3170
ISBN 3-631-54489-8 · br. € 68.50*

Der Krankenhaussektor unterliegt in Zeiten knapper Ressourcen immer neuen Anforderungen. Festzustellen ist insbesondere ein sich intensivierender Wettbewerb, der das Instrument des Risikomanagements unabdingbar macht. Um im Wettbewerb bestehen zu können, muss sich ein Krankenhaus nach außen hin auf einem hohen Niveau des medizinisch-technischen Fortschritts präsentieren. Doch sind Innovationen mit Chancen und Risiken verbunden. Zentrale Aufgabe des Innovations-Risikomanagements ist aus prozessualer Sichtweise die Planung, Realisierung und Kontrolle. Diese Arbeit bietet ein praxisorientiertes Tool für Krankenhäuser, Innovationen vor ihrer Anwendung im Krankenhaus auf ihre Chancen und Risiken hin zu prüfen, um nicht nur ex post reagieren, sondern ex ante agieren zu können. Es wird damit ein wesentlicher Beitrag für eine zielorientierte Gestaltung der betrieblichen Leistungserstellung im Spannungsfeld zwischen Qualität und Wirtschaftlichkeit geliefert.

Aus dem Inhalt: Relevanz von Risikomanagement für Krankenhäuser · Innovationen im Gesundheitssektor und deren Bedeutung für Krankenhäuser · Prozessuale Betrachtung des Innovations-Risikomanagements im Krankenhaus · Generalisierung des Innovations-Risikomanagements und Überprüfung durch Fallstudien

Frankfurt am Main · Berlin · Bern · Bruxelles · New York · Oxford · Wien
Auslieferung: Verlag Peter Lang AG
Moosstr. 1, CH-2542 Pieterlen
Telefax 00 41 (0) 32 / 376 17 27

*inklusive der in Deutschland gültigen Mehrwertsteuer
Preisänderungen vorbehalten

Homepage http://www.peterlang.de